貯金ゼロの元浪費家・3児の父が子育てしながら成功できた

Financial Independence, Retire Early

しあわせFIRE

みもじ 著

KADOKAWA

はじめに

もし、あなたからお金の不安がなくなったら、どれだけ幸せな人生に変わりますか？

「投資が怖い」
「貯金ができない」
「子育てってお金がかかる」
「資産形成は何から始めたら良いのか分からない」
「老後2000万円どころか1000万円だって無理」

さまざまなお金の不安を抱えながら、なかなか解消できずにいることでしょう。お金の不安がなくなれば、もっと素敵な人生を歩めるはずです。

そのようなあなたへ贈ります。

●資産形成の始まり

私の資産形成はお金の知識も貯金もゼロからのスタートです。学歴が高いわけでも特段に高収入だったわけでもありません。どこにでもいるような普通の人間であり、資産形成に有利な点は特にありません。やってきたことと言えば、今までの常識や節約に対する意識を変えたこと、お金を運用することを学んで実行に移したことです。お金に関する知識はすべて独学で、たくさんの本やインターネットから知識を得ました。これらの行動は誰にでもできることだと思います。こんな私でもできたのだから、あなたにもできる可能性はあるということです。

私は「お金を使うことで幸福を感じている」と勘違いしていた時期がありました。お金を稼ぐために働き、働いたことでストレスが溜まり、そのストレスを発散するためにお金を使う。負のスパイラルに陥っている状況です。そこでお金への依存から自立することを決めました。お金の依存からの自立とはストレス発散をお金に頼らないこと、物に過度に幸せを求めないことです。そのためには価値観を変える必要がありましたが、それからはお金の減り具合が明らかに変わりました。**お金を使わなくても幸せに生きる価値観を持つ**ことで、私の人生は豊かになったのです。

●以前は仕事人間

実は以前の私は「仕事人間」でした。家庭よりも仕事を重視していたため、子どもが小さい頃は妻には本当に苦労をかけました。仕事に責任とやりがいを感じ、家庭よりも仕事を優先していた私でしたが、自分の将来に満足しているかと言えばそうではありませんでした。このまま生きていて、本当に満足した人生を送れるのだろうかと不安に思うことさえありました。仕事は大事だけれど、「仕事がすべてではない」ということを強く思うようにもなっていました。

私は働きすぎて体と心を壊した辛い経験があります。そのような経験をもつ私だからこそ、同じ境遇の人に伝えたいことがあります。今、仕事に生きがいを持って突き進んでいても、いつかは私のように健康を害するかもしれません。今までの様に働くことができなくなった時、将来への不安は一気に高まります。そのような時に経済的にも不安がある状態であれば、仕事を継続するしかなく、さらに精神的に追い込まれます。一方、経済的に余裕があれば、退職しても不安なく生きていくことができます。**FIREする・しないにかかわらず資産形成は大事**なことなのです。

●子育てへの思い

子育てにおいて学歴を気にされる方も多いでしょう。もちろん学歴が高いことは就職する上で有利ですし、本人のステータスにも繋がります。しかし、働いていた時に思ったことがあります。それは、「高学歴者が必ずしも仕事で活躍するわけではない」ということです。世の中には高学歴ではなくとも活躍している人はたくさんいます。終身雇用制度が成り立たなくなりつつあるこれからは、学歴があれば安心できるという時代ではありません。

これからの時代に必要なもの、これを子どもに身につけさせることが重要だと思います。どのような環境に置かれても、自分で考えて行動する。答えのない社会を生き抜く。失敗を恐れず挑戦する。最近は非認知能力が注目を集めていますが、特に自己肯定感を高めさせることを私は重視しています。これは数値で測れるものではありませんが、親の子どもへの日常的な対応が重要になります。お金よりも親の愛情と子育ての工夫が必要だということです。私には子どもが3人いますが、この能力を高めさせることを優先させてきたおかげか、部活動や委員会活動、勉強にも積極的に取り組み、毎日たくましく成長しています。子どもの成長に将来的な不安はありません。

● 本書で伝えたいこと

無人島でサバイバル生活でもしない限り、お金との付き合いは一生続きます。それはこの世に生まれた時から死ぬまでです。それにもかかわらずお金を敬遠したり嫌っていたりする人がいます。逆にお金を好きな人もいます。お金の特性を知っていて、お金をうまく利用している人たちです。この差はどこから生まれるのでしょう？　お金と真剣に向き合っているかいないかの差ではないでしょうか？　収入が多くても支出が多いがためにいつまでもお金で苦労している人がいる反面、収入は少なくても賢くお金を使うことで不自由なく暮らしている人がいます。**お金と真剣に向き合った人は、お金とうまく付き合っていくことができます。**今までもこれからもお金と真剣に向き合うことは必須なのです。

本書は、これまでのFIRE本のような資産運用の具体的な方法については触れていません。ですから、すでに資産運用などで資産を増やしている方には物足りないことでしょう。本書は、資産形成をしていく上で大切なマインドについてかかれた本であり、読み終わったあとはお金に対して前向きな考え方に変わり、漠然としたお金の不安はなくなっていると思います。

「ストレスなく貯める節約」「初めてでも怖くない投資」「お金のかからない子育て」を実現させ、幸せな人生を送るための未来への切符を手に入れましょう。

※投資などにより生じた損害等につきましては、著者および出版社は一切責任を負わないものとします。
投資に関する決定等は、ご自身の判断において行なってください。

目次

第3章 節約に対する「意識改革」

第4章 お金の不安を解消するために

第5章 FIREを目指すには

第6章 どうしても投資へ踏み出せない人へ

第7章 お金をかけなくてもうまくいく「子育て」

第8章 FIRE後に感じたメリット

第9章 人生で大切な幸せの見つけ方

ブックデザイン　山之口正和＋齋藤友貴（ＯＫＩＫＡＴＡ）
カバーイラスト　くにともゆかり
図解イラスト　荒木久美子
ＤＴＰ　新野 亨
校閲　鷗来堂
編集　折笠 隆、澤田佳代

第1章

何をするにも重要な「資産形成マインド」

どうして節約に目覚めたのか

資産形成と聞くと、「お金の増やし方＝お金の攻め方」をどうしても意識してしまいます。しかし、お金を増やしていく上で大切なのは、実は「お金の守り方を知っているかどうか」です。もちろん、攻め方を知らないと資産は増えませんが、せっかく増えた資産を減らさないように守る術を身につける必要があります。いくら攻め続けて収入を増やしても、守りが弱く支出が増え続けていたら意味がありません。

大事なことは、「お金を守ること（つまり節約）」です。

といっても私自身、結婚前は「お金はあればあるだけ使うことが当たり前」だと思っていました。節約に目覚めたきっかけは、妻のお金の使い方を知った時です。私とはお金の使い方に対する感覚がまったく違っていて、その時に自分は浪費家なのだということに初めて気づきました。

結婚前は、お金は右から来て左へ流れて出ていく感じでした。使えるお金が残っていたら、服や趣味、飲食などにお金を使っていましたし、ボーナスを当てにしてカード払いで買い物をすることも度々ありました。当時は貯金をしようなどとはまったく考えていませんでした。

さらに本格的に節約に取り組むようになった理由は、結婚した当時に雑誌などを見て、養育費など生涯お金がいくら必要なのかを知ったからです。結婚前のお金の使い方では到底無理（必要なお金が貯まらない）だと思いました。浪費家が節約家に変わったのですから、その衝撃は、今思っても大きかったのでしょう。

節約を始めて、その良さも感じるようになりました。

節約を極めていくと、お金の減り方が少なくなっていきます。月に生活費を20万円必要としている家族が、1割節約できたら毎月2万円残ります。支出が少なければ少ないほど、将来的に必要なお金が減り、その分お金に対する不安も減ります。

また、無駄な買い物や無駄な出費といった、「無駄なことはしない」ことの素晴らしさに気づくこともできます。

節約が苦手な人は、定期的に支払っているもののうち、一度の行動で継続的に結果が出るものに取り掛かるのが良いでしょう。例えば、保険や電気契約会社、サブスクなどの見直しです。習慣化することが苦手な方でも、行動一つで効果が出ます。

ちなみに、私自身が最初に行った節約は、「通勤を車から自転車に変えた」ことでした。そのおかげで、金銭的な節約の他に継続的に運動することで健康維持にも繋がりました。また通勤以外でも、近場への外出は自転車を利用することが多くなりました。自転車で出かけるようになったことで、車移動では気づきにくい〝季節の移り変わり〟などの小さな変化に気づけるようにもなりました。空気を感じることも気持ちの良いものです。金額的には月々4000円ほどの節約になっています。

また、家族として最初に始めた節約は、「無計画なコンビニでの買い物をやめたこと」です。それまでは新商品の飲料水やスイーツなどの食べ物を必ずと言っていいほど買っていました。それだけで週に500円は使っていたと思います。「新」とつくものを買うことをやめただけで、月に2000円程度節約できました。「新」に釣られないだけで月2000円。私は効果的な節約だと思っています。コンビニでの買い物を見直したことは、その他の買い物においても「買う基準」を見直す良いきっかけとなりました。

浪費家がＦＩＲＥを達成して思うこと

浪費家だった私が、資産形成を継続しＦＩＲＥを達成したのは、２０２１年12月です。

２０２０年頃、当時の私は仕事と今後の人生について、不満や不安を持って生活していました。そんな時にＦＩＲＥという生き方を書籍で知ったのです。自由に生きている人をとてもうらやましく思い、将来の人生の選択肢に加えたいと思いました。

ＦＩＲＥの魅力は、ライスワークにしばられることなく、自分で自分のやることを選択できるところ。特に旧態依然の働き方や精神的なストレスからの解放、時間を自由に使えるところに惹かれました。

ＦＩＲＥ達成のために必要なことは、まずお金の知識を身につけていくこと、そしてお金はどういった流れで動いているかを把握することです。

過去の私のように、たいていの浪費家は資産形成とは無縁な状態だと思います。浪費家なのにお金を持っているのは資産家くらいのものでしょう。ＦＩＲＥに近づくためには、まずは資産形成と縁を作ることが必要です。お金に関する知識を身につけていけば、浪費行動はＦＩＲＥから遠ざかる行為だということが分かります。「無縁」の状態から一歩でも近づくことが大事です。

ＦＩＲＥ達成に向かう途中で、危機的状況もありました。一番大変だったことは、相場が下落して資産が一時的に減ったこと。そんな時には、自分が投資を始めた時の考え方を思い出しました。「短期で下がることはあるが、長期でみると右肩上がりになるはず」「長期投資は時間を味方につけて行うもの」。これらを思い出し、振り返ることで乗り切ることができました。

私のＦＩＲＥ達成は思っていたよりも早かったです。相場が不安定な時でも、チャンスとみて投資を続けたことが要因だと思っています。

現在は、ＦＩＲＥを達成するまで思い描いていた「ＦＩＲＥ後」の生活スタイルを過ごせています。違うと思う点は、想像していたよりも時間はあっという間に進んでいくということです。仕事を辞めたら使える時間がたくさん生まれるので、いろいろなことができると思っていましたが、そうでもありませんでした（単に要領が悪いだけかもしれませんが…）。よく「ＦＩＲＥしたら時間を持て余して困る人がいる」という話を聞きますが、私はそんなことはありませんでした。時間の使い方の大切さをひしひしと感じています。

ＦＩＲＥに向いている性格、向いていない性格というのもあると思います。

向いているのは能動的で自分から行動する人です。逆に向いていないのは受動的な人、いわゆる指示待ち人間です。誰かに言われるまで何もしない人は、ただ時間が過ぎるのを待っているだけになる恐れがあります。厳しい言い方になりますが、それであれば誰かに指示を受けて働いている方が良いかもしれません。

資産形成において、なぜ投資よりもまず節約が大事なのか

ＦＩＲＥの達成のためにも、またその後の生活にも欠かせないのは、資産運用になります。ですが、まずしなくてはならないのは、投資ではなく節約です。

節約を徹底していくとお金の減り具合が変わってきます。お金をどれくらい使っているのかが感覚的に感じられるようになりますし、貯蓄額などの数字としても認識できるようになります。**投資の運用益は初めの頃はなかなか感じることができませんが、節約なら1カ月目から効果を感じることができます。**そのため、私の場合は資産形成のモチベーションアップにも繋がっていました。

節約が大事な理由について、2つの大きなポイントを紹介します。

❶ 投資初心者でも、節約することで資産運用と同様の効果が得られる

例えば、年利5％で300万円運用と仮定すると、（税金を考慮しない場合）年間15万円の利益になります。別な角度から見れば、もし年間15万円（月に1万2500円）分節約できたら、300万円を運用していることと同じ効果があるということになります。

まだ投資を始めていない人が、いきなり300万円を運用するのには抵抗があると思います。でも、節約ならそこまで大きな抵抗感もなくすぐに誰でも取り組めます。節約にはこのような効果があります。

❷ 余剰資金を作るための有効な手段

投資は余剰資金（生活防衛資金以外）ですることが前提です。なぜなら、近い将来使う可能性のあるお金で投資をしていると、損失や含み損が発生した時に精神的なダメージが大きすぎるからです。投資は継続することが大切なのに、途中で退場することに繋がってしまいます。

投資を途中であきらめてしまうと、投資は詐欺とかギャンブルというイメージを持ってしまい、お金に対して悪い印象が残る恐れがあります。ですから、まずは余剰資金を作ることが先決です。そのためにも、節約はとても有効な手段です。

私も実際に含み損があった時期もありましたが、余剰資金で投資をしていたおかげで「いつかは上がってくるさ」という感じで気楽に乗り越えられました。といっても、何を節約したら良いか分からない、という人も多いでしょう。

日常生活の中で実行しやすい節約ポイントは次のとおりです。

● 自動車保険、通信教育費など年払いできるものはすべて年払いをして支払額を節約。
それだけで５％程度は節約できます。

●ご飯の準備が大変な時、おかずは冷凍食品で済ませたりお店で買ったりしたとしても、お米だけは自炊するようにします。お米付きのお弁当を買うことと比べると、１食あたり１２０円程度変わります。我が家は家族が５人いるので１食に付き６００円くらいは節約できます。週１ペースの計算だと月に２４００円。年間２万８８００円節約できます。食べ盛りのお子さんがいらっしゃると、差額はもっと大きくなりますね。

●外出する時はマイボトルを持参します。自販機などでコーヒーを買うと１５０円ほどしますが、そこをマイボトルにすると30円程度に抑えられます。毎日１本分節約したとすると、１カ月換算で３６００円浮きます。夫婦２人なら７２００円。年間８万６４００円も節約できます。

●我が家は全員、週に最低１冊は本を読んでいますが、本は図書館を利用しています。１冊１０００円だとすると家族５人で週に５０００円、年間50週とすると25万円も節約できることになります。もちろん欲しいと思った本があれば、返却したあとに書店で購入しています。

●旅行に行く時は繁忙期をずらします。繁忙期は閑散期と比べて、宿泊費や航空機などの値段が上がります。ものにもよりますが宿泊費は2〜3割、航空機は2倍近く変わってくると思います。家族の人数が多ければ多いほど、この違いは大きいです。

節約は経済的自由を手に入れる最良の方法〜節約は一石二鳥〜

節約は一石二鳥と書きましたが、それは「投資資金を増やす」ことができ、「経済的自由を早く手に入れられる」という2つにあります。

まず、ここで言う「経済的自由」とはライスワーク（生活のために働く）とライクワーク

（好きだから働く）を自分の意志で選べる状態です。また、ボランティアのように金銭の見返りを求めないで自分の価値観に合った活動ができる状態だと思っています。

初めはライクワークだと思ってやっていた仕事も時が経つにつれて状況が変化し、いつの間にかライスワークになってしまうということもあるかと思います。経済的自由を成し遂げていれば、このような時に柔軟に自分の環境を変えることができます。仕事をしていてもいいし、嫌なら辞めてもいいという選択肢を持っている状態だと言えます。

経済的自由がないデメリットとしては、ライスワークをしている人はどんなに嫌なことがあっても働くことを回避できないことです。過去の私のように、仕事の精神的ストレス、人間関係、時間の消耗、健康悪化、付き合いの飲み会などを避けられないことが考えられます。また、少し前に騒がれた老後2000万円問題のように、将来へのお金の不安というものがつきまといます。

話を戻します。節約することで得られる効果のまず1つ目は、「**節約で浮いたお金で、**

貯金や投資に充てる資金を増やせる」ことです。

投資を行う上で重要な要素となってくるのが入金力です。「毎月１万円を投資に充てる人」と、「節約をして浮いたお金を合わせて毎月５万円を投資に充てることができる人」とでは、資産の増え方が全然違います。

２つ目は「**経済的自由に早く近づける**」ことです。節約を実践していくとだんだん生活費が少なくて済むようになります。例えば毎月の生活費が30万円必要な人は、経済的自由を得るために年間３６０万円分の不労所得が必要です。対して毎月の生活費が20万円の人は年間２４０万円の不労所得で充分です。

節約により必要な生活費を下げることができると、自動的に経済的自由獲得に必要な不労所得額も下げることができます。投資で不労所得を得ている人であれば、それだけ運用額が少なくて済むということになり、その分経済的自立が近づきます。

私が経済的に自由になれたのも、この2つの効果を利用できたからです。節約という意識がなければ経済的自由はまだ不可能だったと思います。雑誌やネットなどを見ていると、一生懸命働き年収が高い人でも、節約に対する意識が低いがために資産形成が上手くいっていない人がたくさんいるように思えます。

それでも節約することが難しい、という人は多いでしょう。そんな人に意識してほしいのはお金の区分です。

意識すべきお金の3つの区分

生活する上で、常に意識しなくてはいけないお金の区分が3つあります。それは「消費」「浪費」「投資」です。節約に力を入れすぎると、ストレスを抱えてしまうことがあるかもしれません。しかし、この3つの区分を意識するだけで、苦しくならない節約法を身につけることができます。

それでは、3つの区分をここで説明します。

❶「**消費**」

生きていく上で必要となる、支出を防ぐことができないお金のこと。例えば光熱費、交通費、日用品の購入など

❷「**浪費**」

生きていく上で必要としない、無駄遣いのお金のこと。例えば不必要な買い物（セールにつられて勢いで買うことなど）、利用していないサブスク、ＡＴＭの手数料、工夫次第で節約可能なもの

❸「**投資**」

何を節約したらいいかわからない
交通費
光熱費
資産運用に充てるお金
利用していないサブスク
日用品の購入
自己投資（旅行など）
ATM手数料
3つの区分に整理してみる
消費
光熱費
交通費
日用品の購入
など
浪費
利用していないサブスク
ATM手数料
など
投資
資産運用に充てるお金
自己投資（旅行など）
など
この部分を削るだけ

将来、自分に返ってくるお金、リターンを見込めるもの。例えば資産運用に充てるお金、自己投資に必要なお金（書籍・旅行など人の価値観によって変わってくる）

この3つの区分の中で、削るのは「浪費」の部分だけなのです。詳しくはP68『みもじ流ストレスゼロの節約マインド「節約とは無駄を捨てるだけ」』を参照してください。

「節約」と「投資」のダブル運用が最強

節約して余剰資金ができたところでいよいよ投資へと進みますが、ここで重要なのは、節約も同時進行させることです。言わば投資は攻め、節約は守りといったイメージです。

「節約して貯金する」という行動では、利率が低いため資産はほとんど変わりません。一方で、「節約して投資する」という行動は、年によって上がり下がりはあるものの、長期でみると安定した利率を見込めます。しかも、利益を再投資すれば、長期になればなるほど複利の効果を得られることができます。**資産形成において、節約と投資のダブル運用はマスト**と言えるでしょう。

さて、投資にもいろいろ種類がありますが、私は低コストの株式インデックス投信を長期運用することにしています。インデックス投信は市場平均と同じようなリターンを見込むことができます。

歴史的に見ても、世界の株価は長期的には上昇し続けています。これからも世界の人口は増加傾向であり、人間に「豊かな生活を送りたい」とか「便利なものやサービスを利用したい」という向上心がある以上は、今後も株価は上昇を続けていくと予想しているからです。

また、金融会社にもよりますが、インデックス投信は100円からでも投資が可能です。投資を始められる方は最初のうちは不安だと思います。そんな方には少額から始められることも魅力です。「ＮＩＳＡ制度」を使えるものも多数ありますし、投資の入口としては適しているかと思います。私自身も最初は不安がありました。そこで、投資は少額から始め、慣れてから徐々に投資額を増やしていった形になります。

それでは、経済的自立を達成するために具体的にはどのくらいの金額を投資に回すといいのか、と疑問に思われる方もいるでしょう。できるだけ早く経済的自立を達成したい場合についてお話ししますと、まず節約は徹底的に行い浪費をゼロにします。そして、生活防衛資金以外に貯金はせず、すべて投資に回すようなイメージです。

収入が上がったら、その分を投資に回します。もちろんボーナスが入ったからといって何かを買ったりすることはせず、３つのお金の区分に従ってできるだけ投資に充てます。手取り収入が増えても、支出は増やさないことが鉄則です。

そのような方法で私の場合は最終的に、年間手取り収入の半分は投資に充てるようになっていました。消費以外はすべて投資に回すイメージになります。極端な例を挙げると、手取り収入20万円で生活費10万円の場合であれば、残り10万円をすべて投資に回すイメージです。

具体的に、節約したお金を投資した場合、どれくらい利益がでるのか、計算してみましょう。仮に月2万円の節約ができたとします。格安スマホに変更したり、電気の契約会社を変更したり、付き合いで行っていた飲み会の回数を減らしたりなど、手段はいろいろあると思います。

月2万円だと、浮いたお金は年間24万円にもなりますね。これを投資に充てるのです。例えば、年利5％で運用できたとして、1年目は1万2000円の含み益が出ます。ここで大事な事は、この1年で得た利益を買い物などで使わないことです。つまり、この利益を次の年の運用額に含めます。

すると2年目の運用額は、1年目の節約&運用利益（24万＋1万2000）で25万2000

円と、2年目の節約24万円を合算した額、49万2000円となります。

これをまた5%で運用すると、2万4600円の含み益となり、2年目が終了した時点で51万6600円となります。ただ節約しただけでは、2年で48万円でしたが、2年間利益を再投資し5%で運用できたことで3万6600円増の51万6600円にすることができます。

この事実を知ってしまったら、節約と投資をやらずにはいられないでしょう。今までは「節約は辛い」だったものが、「節約は楽しい」になるはずです。

資産形成における
モチベーションアップ法

運用や節約によって資産が増えてきたら、現在所持しているお金で、どんなものが買えるのかを想像してみてはどうでしょうか。

私は「100万円貯まったら中古車が買える」というように、その時の資産に応じて買える物をイメージします。300万円なら新車、500万円で輸入車、1000万円で高級車、3000万円でマンション…などの目安を作っておくと、モチベーションアップに繋がります。実際には買わないのですけどね(笑)。初めは腕時計を買うことから想像していました。店舗で実物を見ることもあれば、広告で値段を調べたりもして。「今はこれだけのものが買える。次は何を目指そうか?」という感じです。

第2章

知っておきたい「家計管理のコツ」

夫婦のどちらかが、家計を一元管理しよう

ここで言う「家計管理」とは、一家の日常的に使うお金から資産までを管理することです。大切なのは「現在の状況を把握する」「将来の見通しを立てる」の2つです。

まず、「現在の状況を把握する」ために必要なことは「家計簿をつける」ことです。収入は給与明細で把握が簡単ですが、支出をすべて把握することは難しいと思います。そのため、レシートを絶対にもらったり、キャッシュレス決済を1つにまとめたり、把握しやすくするといいでしょう。

次に、「将来の見通しを立てる」ために必要なことは「ライフマネープランシートを作る」ことです。さまざまなライフイベント（出産、進学、家・車の購入、定年退職など）を反映さ

せて、いつ、いくらお金がかかるのかを把握します。

家計管理をするのは、夫、妻のどちらでも良いと思います。お金に対する知識が豊富で、自分に厳しい方が家計管理をすべきです。他人に厳しく自分に甘いと資産管理はできません。今はまだお金の知識が少なくても、「知りたい！」という意識を強く持っている方でも良いでしょう。

我が家では、家計簿は妻がつけていますが、最終的な家計管理は私がしています。特に話し合って決めたわけではないのですが、私が趣味のように家計管理をしているうちに自然と役割が決まっていました。また、家計管理をすることで、お金に関するさまざまな知識を身につけられるようになったことを実感しています。

家計管理で大切なポイントは次のとおりです。

●過度に大きい支出があった場合は原因を突き止める

私は収入・支出を項目ごとにすべて把握し、過度に支出が多くなっていないかを確認していています。もし、変動が大きい場合には、ほったらかしにせず、その原因を突き止めています。

●通帳やカードを一つにして、管理しやすく

家計管理を分かりやすくするために、収入・支出は一つの通帳に集約していますし、使うカードも一つに絞っています。通帳や使用しているカードが複数あると、管理が複雑になります。複雑になればなるほど、見落としが増えたり面倒になったりして、長続きしなくなってしまいます。私は家計管理に多くの時間を費やすことを避けたかったので、集約することに決めましたが、結果、長続きしているので良い判断だったと思います。

●トータルを見る家計管理者を作る

家計簿をつける人、収入を把握する人、支出を把握する人、投資の運用成績を把握する人、それぞれ役割分担を決めてもいいですが、最終的な収入・支出をトータル的に

家計管理する人を決める必要があります。

●家庭内の収入・支出はさらけ出す

よくお互いの収入や支出を知らない状態の夫婦を見かけますが、家計にブラックボックスがあると資産形成は難しいので、すべてをさらけ出すことが必要です。たまにお金が貯まらないという方を見かけますが、こういった夫婦に多いように思います。

どちらかが一元的に管理することで、使途不明金をゼロに近づけることができ、将来的な見通しが立てやすくなります。これが家計管理を行うメリットと言えます。

我が家のルールは「月に一度しか現金を下ろさない」

次に、我が家が実行している、簡単にできる家計管理の一つをご紹介します。家計管理のコツとして、「**決まった金額の範囲内でやりくりする**」という意識を持つため、我が家では現金を下ろすのを月に一度だけにしています。

それまではやりくりが下手で、惰性でお金を下ろしてしまうことも度々ありましたが、「月に一度しか現金を下ろさない」ということを決めて以降はなくなりました。惰性でお金を下ろすことを許してしまうと、歯止めがきかなくなってしまう恐れがあります。

そもそもＡＴＭに行く時間は無駄な時間です。前の人の操作が遅かったり、行列ができて順番待ちをしたりとさらにストレスも溜まります。ＡＴＭを利用する頻度を少なくするのは、そういったストレスを回避するためでもあります。

さらに、私は月に1回のATMの利用についても、手数料のかからない時間に利用しています。そうすることで「手数料を払わない」という意志を継続させることもできますし、月に1回ならATMを利用する時間の設定も簡単だと思います。

私の知り合いで、ATM手数料を取られることに抵抗をまったく感じていない人がいるのですが、年間でトータルすると結構な額になっています。ちなみに私は、20年以上時間外利用の手数料を払っていません。

月に一度と決める前は必要になったら都度下ろしていたので、ひと月に合計いくら使っているのか把握しにくい状況でした。月に一度と決めることで、支出額の把握がとても簡単になりましたし、毎月いくら必要かも分かりやすくなりました。毎月の支出額が分かると、年間いくら必要かも分かるようになり、家計管理もしやすくなります。

次に、月に一度下ろした現金は、どのように仕分けたら良いかをお伝えします。

❶ **まず、今月いくら必要かを計算して、現金を下ろす。例：『10万円』**

❷ **支払日が分かっているもの**（生活費以外の出費など）**は別に管理。例：『2万円』**

❸ **週ごとに使用するお金を振り分ける。例：『1週間2万円×4週分＝8万円』**

決まった範囲内でやりくりするようにし、次週の分を前借りして使うことは絶対にしないようにします。最初は難しいと思うかもしれませんが、慣れてしまえば簡単です。

また、最近はキャッシュレス化が進み、現金を使う頻度が減っていますが、家計を管理する時には、現金の方が管理しやすいです。ただ、今はキャッシュレスだとポイントがついたり、レジで会計の時間を短縮できたりと便利なので、私もキャッシュレスを多く利用しています。

私はキャッシュレス決済普及前の現金時代にお金の管理ができるようになっていたの

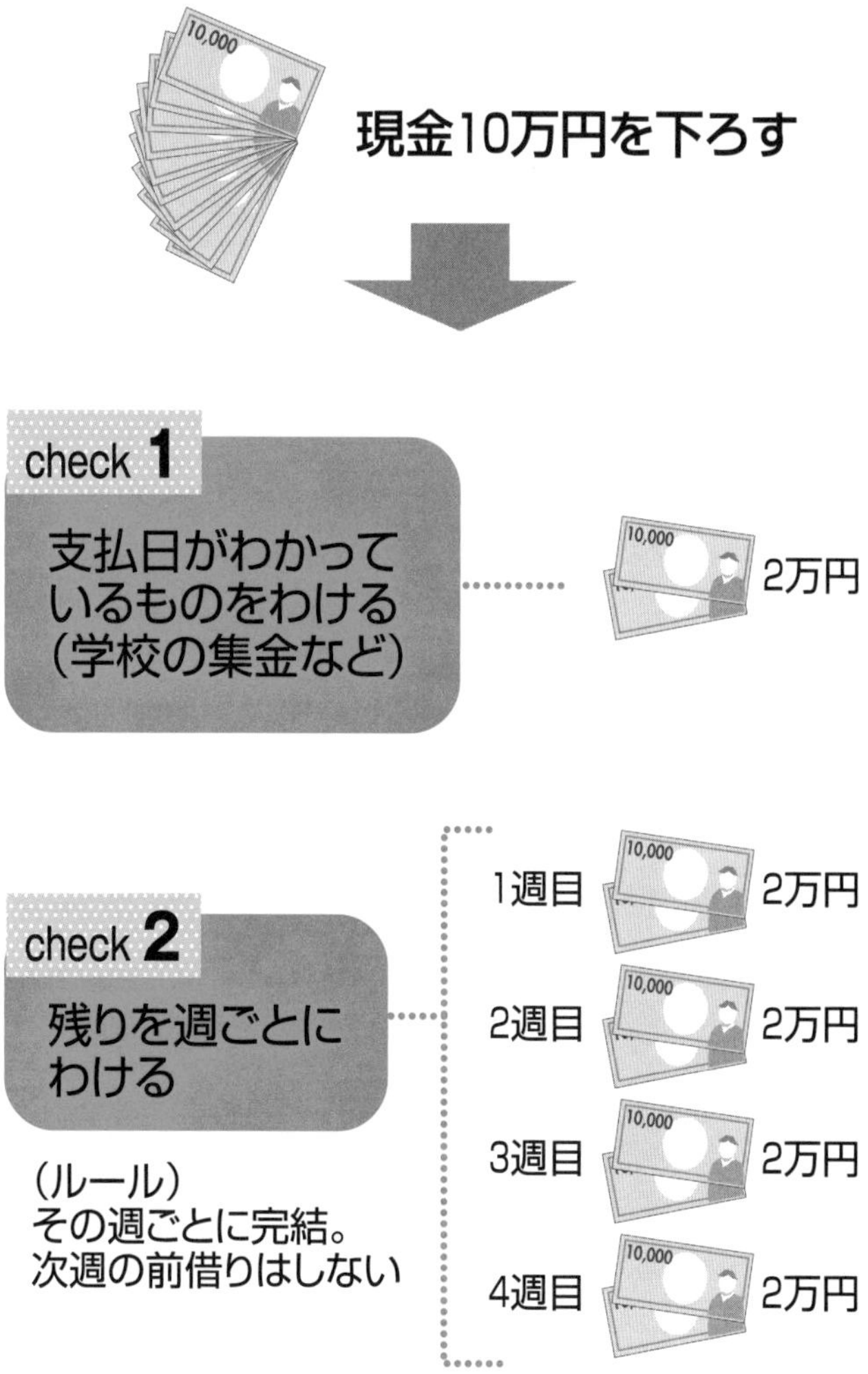
10,000
現金10万円を下ろす
check 1
支払日がわかっているものをわける（学校の集金など）
10,000
2万円
check 2
残りを週ごとにわける
（ルール）
その週ごとに完結。
次週の前借りはしない
1週目
10,000
2万円
2週目
10,000
2万円
3週目
10,000
2万円
4週目
10,000
2万円

で、今は現金ではなくても無駄遣いをすることがありません。しかし、管理がまだ苦手な方はキャッシュレス決済で家計を管理していくのは難しいでしょう。現金は「財布にお金が入っているかどうか」を支払う前に目で見て確認できますが、キャッシュレスは支払った後に数字でしか確認することができません。

キャッシュレス決済を利用するなら、事前にお金をチャージする必要があるプリペイド式を使用すると、残高を意識する癖がつくので良いと思います。

ローンは組まないのが原則！家計管理はシンプルイズベスト

〝シンプルな家計管理〟とは、収入・支出・貯蓄などの資産の把握が容易な状態であることです。家計管理は継続してやらなければ意味がありません。私は面倒くさがり屋なので、**長続きする方法を模索した結果が〝シンプル〟**です。シンプルにしておくことで、大まかではありますが頭の中だけで家計管理できるようになります。

　ローンがあると家計管理が難しくなるため、おすすめできません。ローンが一つだけだと管理はまだ難しくないと思います。それが３つ４つと増えていくと、支払い残高や金利のことなど徐々に難しくなっていきます。

　例えば、金利１・５％で３００万円、金利３・５％で50万円、金利１％で30万円分のローンを５年払いで組んでいるとします。それぞれ毎月いくら返済し、その内訳の中で金利はいくらになるでしょうか？　私は想像しただけで面倒だと感じますし、計算もしたくありません。私と同じような考えの方は、家計管理を複雑にすることには向いていないと思います。

　とはいっても、家や車などの支払いはローンを組む方が多いでしょう。また、現在は低金利なので、家・車などは組みやすいと思います。ただし、ローンを組むのには条件があります。

それは金利以上のリターンが見込める場合です。この場合のリターンとはお金のことばかりではなく、得られる経験やスキルなども含みます。

車を例にします。300万円の新車をローンで購入した場合と、ローンは組まずにお金を貯めて2年後に購入した場合を比較します。ローンを組んで購入した人は、この2年間で車を使っていろいろなところに行くことができます。家族との楽しい思い出もたくさんできることでしょう。

対して、2年後に車を購入した人は、同じような体験を2年間待たなくてはいけません。「ローンの金利」と「2年」という期間を天秤にかける必要があります。もし、金利が高いと感じるならば、「中古車にして車両価格を下げて、支払う金利を下げられないか」や「必要な時だけ車をレンタルする」など、いろいろと作戦を練ってほしいです。

次に注意したい点として、借りられる額を基準に買い物をしてしまうことです。これは家のローンを組む時に多いのですが、年齢と年収でおおよその借入可能金額が決まると思います。

例えば、家族で暮らすのには３０００万円の家で充分なのに、４０００万円借りられるからさまざまな物のグレードを上げて４０００万円の家を購入するという考え方です。確かにより質の高い物を買えるかもしれませんが、金利も上乗せして多く支払うことを忘れてはいけません。

家計も企業と同じようにコスト削減を

私は、家計も企業と同じようにコスト削減をする必要があると思っています。例えば、無駄遣いしている企業が、資金難を理由に設備投資に充てるべきお金を減額したり、社員への給料を増やさずにいたりするとします。皆さんならどのように思うでしょうか？

きっと、企業には適切にお金を使ってほしいと思うはずです。

これは企業だけではなく家計にも当てはまります。だから、**節約は恥ずかしいとかケチという考えは捨ててもらいたい**と思います。コスト削減は将来の家計のためです。

そこで、どのようにしてコスト削減する項目を決めるのかをお教えします。

❶ 削減すべき経費の洗い出しを行う

私は基準として、月に900円、年間約1万円削減できるものをピックアップしました。そのためには家計簿をつけ、お金を何にいくら使っているかを洗い出す必要があります。月900円は日割りにすると1日30円です。私は結構削減できるものがありました。削減項目が30個あると年間約30万円は節約できることになります。

❷ 削減する項目について、優先順位を決める

今すぐに削減可能で費用対効果の高い節約から始めましょう。同時にできるものは同時進行します。気軽にできて、結果が早く感じられることを選び、モチベーションを上げていきましょう。

❸ 削減した項目が継続可能か判断する

1カ月ほど実施してみて問題なければ続行します。継続が難しいようであれば、要領を変更するかその項目自体の削減をあきらめます。PDCAサイクル（計画から改善までを1つのサイクルとして、管理業務や品質管理の効率化を目指す手法）の活用が効果的です。経費削減は続かないと効果がありません。

さらに、「家庭ですぐに実行できる10のコスト削減アイデア」をお伝えします。

❶ お弁当、マイボトル持参で食費を節約

❷ 保険の見直し。余計な補償はないか確認

❸ 株主優待でお得に買い物
❹ ふるさと納税で食費を節約
❺ 習慣となっている「惰性外食」をやめよう
❻ キャッシュレス決済などでゲットしたポイントは、お金と思って無駄遣いしないように大事に使う
❼ 無駄な飲み会、2次会や3次会（終電を逃すとさらに出費に繋がる）には参加しない
❽ 重曹、クエン酸、過炭酸ナトリウムを活用して掃除すれば、購入する洗剤は少なくて済む
❾ 習慣で買っている物やサービス、サブスクの見直し
❿ 年に一度は断捨離。いかに無駄なものを買っているかがよく分かる

また、家計のコスト削減となると、家族の同意も得なくてはなりません。同意を得るためには、コスト削減のメリットを伝えることが大切です。我が家では、基本的には無駄なものからしか削減していないので、同意は簡単に得られましたが、伝え方として「削減できた分を他のことに使う」「将来必要になることのために使う」と言います。さらに、お

金を運用することで将来は今よりも大きい額を使用できる可能性が高くなることを、家族に理解してもらい、納得してもらいましょう。

タダ（ゼロ円）の物をもらわない

タダの物とは、「〇〇を買ったらプレゼント！」や、「来店プレゼント」などもらえるもの全般のことです。

なぜ、タダの物をもらってはいけないのでしょうか。それは、タダの物はもらっても使わないことが多いからです。たくさんもらっていると使わない物が家にあふれるようになってしまいます。経験談ですが、要らないものが増えると探し物が見つかりにくくなります。また、それを捨てるのにも労力を必要とするので、ストレスに繋がります。「なんでこんな使いもしない物をもらってしまったのだろう」と。それならば、初めからもらわなければ良いだけの話です。もらっても良い物は、ポケットティッシュなどの使い切る自信がある消耗品くらいですね。

私自身の経験で、特に「もらってはいけない！」物は、「カレンダー」「雑貨」「食器・箸」です。

カレンダーは、年末になるとたくさんのお店などでもらいますが、そもそもそこまで数を必要としなかったり、デザインが好みじゃなかったりして使わないことがほとんどです。キーホルダーなどの雑貨は、子どもが欲しがったのでもらいましたが、結局一度も使わずじまい。食器や箸なども使いづらい大きさだったり、すぐに欠けたりするので、ほとんど使ったことがありません。

タダの物をもらわなくなった結果、物が無駄に増えないので、処分などにストレスを感じる必要がなくなりました。

また、部屋が煩雑な状態になりにくく精神的に落ち着くことができます。物も心もお金の使い方もシンプルに保つ。これが私のモットーですし、この心の持ち方が資産形成にも良い影響を与えていると思います。

周りの方を見て、「うっかりもらいがちだな」と思うのは、健康グッズでしょうか。もらった時は「これ、使えそう！」と思うのですが、もともと必要性を感じていない物はあまり使われることはありません。もし必要ならば、すでに買っているはずですから。もちろん、健康グッズ自体が悪いわけではありません。

物を増やしても、ストレスが溜まるだけ

物を減らすことはストレスのない節約生活にも通じますが、そのためにはどうすれば良いでしょうか。私が心がけているコツをお伝えします。

❶ **他人と比べず、自分の価値観を大事にする**

「友人が持っているから自分も欲しい」という発想は物を買う時の理由にはならないと思っています。「他人が持っているから自分も持つべき」という考え方は、自分の価値観がぶれている証拠です。本当に必要かどうかは自分の価値観で決めるべきです。

❷ **買う時に捨てることを想像する**

人間の行動として、買うことは簡単でも捨てることは面倒なことが多いです。捨てる

際のゴミの分別も面倒ですし、断捨離作業中に捨てるかどうか迷うこと自体、その時間も無駄なことだと思っています。ですから、買う時には捨てることまでを考えるようにしています。すると無駄な買い物が一気に減っていきます。人間は面倒なことが嫌いですから。

③ 部屋はいつも整頓しておく癖をつける

整頓癖をつけて部屋をいつもシンプルな状態にしておきましょう。整頓されていると物の管理がしやすいからです。逆に、物が増えると整頓がしにくくなっていきます。整頓癖がついていると、そのような状態を避けるために自然と物を減らすようになっていきます。

④ こまめに捨てる習慣をつける

生活していて不必要そうな物を見つけたら家族に確認をして、不要物であればすぐ捨てるようにしています。

物を増やさないだけでも、節約のストレスはだいぶ軽くなるはずです。

使途不明金なんてないですよね？

ここで言う「使途不明金」というのは、家計における支出（小遣い含む）の中で、何に使ったのか把握していないお金のことです。

以下の状況や環境は、使途不明金が発生しがちな状態と言えます。

❶ お互いの収入を把握していない（給与明細を見ていない）
❷ 家計簿をつけていない
❸ 家計を誰も管理していない

❹ お互いの小遣いを何に使っているのか知らない

❺ 単身赴任。長期出張

なぜ、使途不明金があってはいけないのでしょうか。それは、使途不明金があるということは、そもそも支出を管理できていないということだからです。その金額がごくわずかな額であれば問題ないのですが、そうでない場合には問題があります。使途不明金が多ければ多いほど資産形成は遠回りをすることになってしまいます。

使途不明金をなくすためには、家計簿などですべてのお金の流れを管理すべきです。ただし、そこまで時間をさけない場合はお金を支払う時に何費（食費、交通費など）かを意識しておき、後から大雑把に家計簿に反映させるのが良いでしょう。

冷蔵庫の管理が苦手だと、お金の管理も苦手

続いて、お金の管理が苦手な人に向けて、意外な克服法をご紹介します。お金の管理が苦手かどうかを見る簡単な方法があります。冷蔵庫の中身です。

自宅の冷蔵庫の中が乱雑な人は少なくないのではないでしょうか。実は**冷蔵庫の管理が苦手な人は、冷蔵庫だけではなく、お金を含めた管理そのものが苦手な人**だと私は思います。冷蔵庫でも財布でも、重要なことは収入と支出を管理することだからです。

冷蔵庫の中にある食材には、もちろん値段が書いてありません。でも、お金を払って買っているのであれば、相応の価値があるはずです。食材を見た時に「○○円」とイメージできれば、冷蔵庫が財布と同じ感覚になると思います。

家計がシンプルな人は、冷蔵庫の中身もシンプルなものです。逆に家計を把握できていない人は、冷蔵庫の中身も混沌としていることが多いのではないでしょうか？　冷蔵庫の中身を管理することから始め、お金の管理も頑張ってみましょう。参考に、我が家の冷蔵庫の管理の仕方をご紹介します。

みもじ家の冷蔵庫管理法　3カ条

❶ 買い物に行く曜日を決めています。そのため食材が冷蔵庫に入る日が決まっています。

❷ 冷蔵庫の中身を「見える化」しています。そのためには、定位置に決まった食品を置いたり、何かの陰で奥の物が見えなくなったりすることがないようにしています。

❸ 冷蔵庫の中身が多い時は、食材と賞味期限を紙に書いて貼ります。

冷蔵庫の管理が苦手な方は、取り入れてみてはいかがでしょうか？

夫婦そろって小遣い無しがおすすめ

小遣いについては、結婚してから1年もたたないうちにやめました。

小遣いで使うお金は結局、「〇〇費に分けられる」とふと思ったことがありました。家計簿をつけていて住居費、光熱費、通信費…と並んでいて、そこに「小遣い」という項目があることに違和感を覚えたのです。小遣いの内訳をみると、昼食代、交通費、宴会代などになっていて、そこはもう家計簿みたいな区分けにして考えた方が良いと思いました。

小遣い制の人と比べると、自分は無駄遣いがかなり少ないと思います。小遣いを貯めて「へそくり」を作っている人もいますが、家計としてはマイナスでしかないです。

小遣いは、子どもがお金の使い方を覚えるためのシステムだと思っています。大人はすでに使い方を知っているので、わざわざ小遣い制にする必要がありません。小遣い制にする目的や狙いを明確にする必要があります。

小遣い無しにすると、月ごとに出費が変わるので管理しづらいようなイメージを持つ人もいるかもしれません。そんな場合は小遣いの内訳を明確にして、外食費、趣味費など家計と同じ区分で管理すればいいのです。むしろ**小遣い制にすることで、何に使っているのか把握しづらくなってしまいます。**そうなると小遣いの金額が妥当かどうかの判断も難しいです。

小遣いのように月に自由に使えるお金は、我が家の場合は特に決めていません。そもそも個人で使うお金がほとんどないので決める必要がありません。もし必要な場合はその都度、必要な分だけを○○費として「家のサイフ」からもらうようにしています。

夫婦お互いが1カ月にどれくらい使っているか、知らない人や知られたくない人もいらっしゃるかと思います。しかし効率よく資産形成をしていくためには絶対に把握すべきです。把握していないということは、家計を管理することを放棄していることと同じになります。

もし、夫もしくは妻から「何に使っているかを知られたくない」と言われたら説得しましょう。「将来、お金がいくら必要なのか」「お金がなくなった場合にどのような生活をしなければならないか」を根気よく伝えると良いと思います。

また、小遣い制をやめて支出を管理することで、使用用途を「見える化」できます。例として、毎日コーヒーを買っている人は150円×30＝4500円ほどかかります。1年で約5万4000円、10年で約54万円になります。小遣いの中で買っていると、これだけお金を使っていても気づきにくいです。毎日のコーヒー代は些細なものかもしれませんが、積み重なると大きくなります。このように、「何に使っているか分からない支出が増えること」の重大性に気づくことが必要です。

「小遣い」としてまとめてしまうと何の出費かわかりにくい

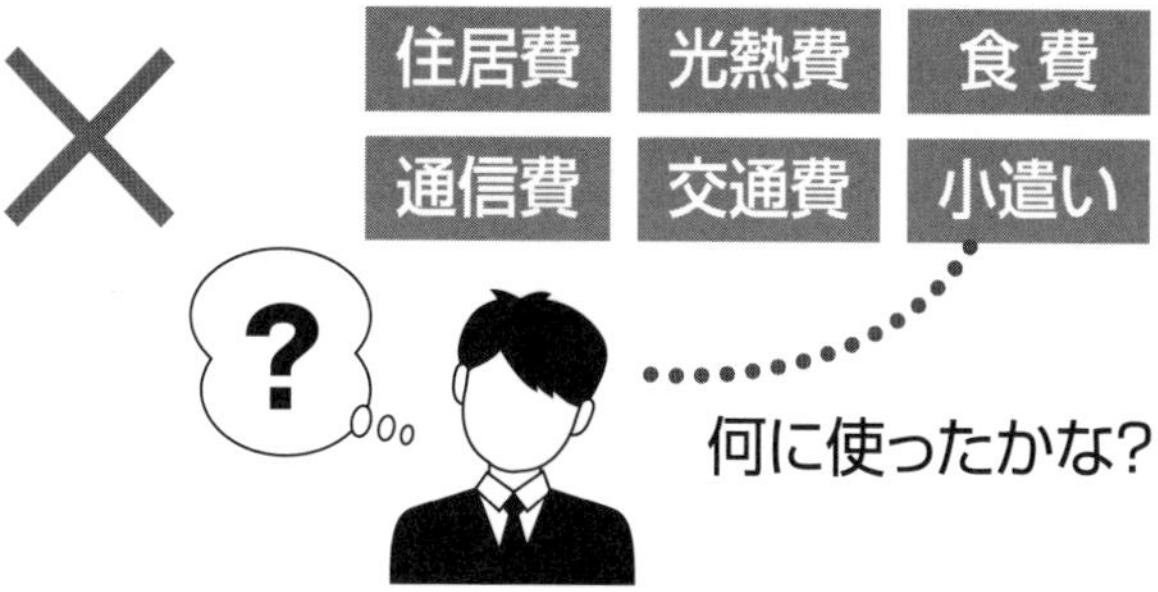

「小遣い」の内訳を明確に

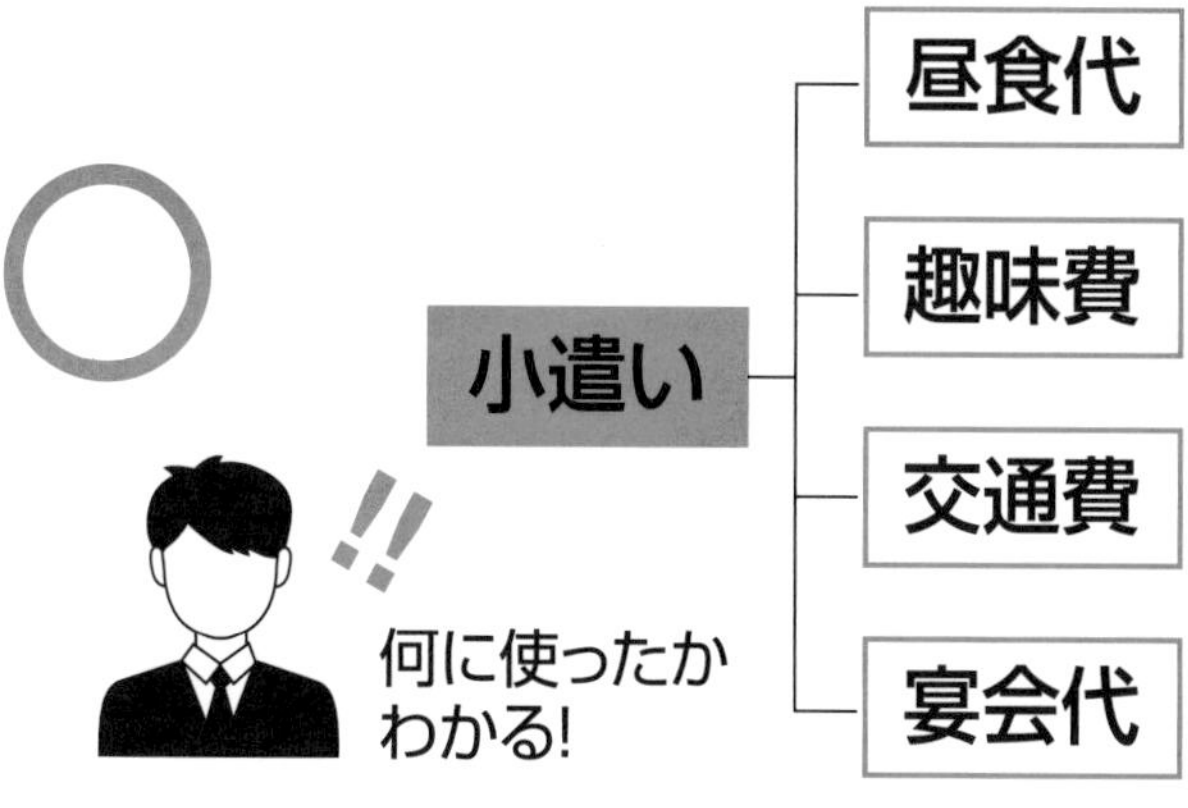

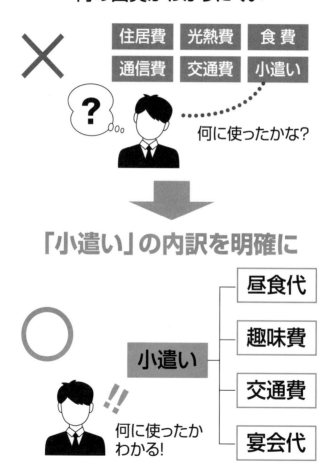

第3章

節約に対する「意識改革」

みもじ流ストレスゼロの節約マインド「節約とは無駄を捨てるだけ」

第1章で「資産形成する上で、まず大切なのが節約だ」と伝えてきましたが、節約というと「我慢」「忍耐」という言葉が浮かび、節約に躊躇する人も多いかもしれません。また、「節約＝我慢」というイメージを強く持ってしまっているために、節約はストレスが溜まるものと思い込んでいる方も多いと思います。そんな方は、自分の価値観を見つめ直してください。

節約とは「無駄を捨てるだけ」なんです。必要なものは削らず、我慢する必要のない「無駄」の部分を節約するようにすれば、ストレスはゼロになります。

では、ストレスなく節約できる方法のポイントである「無駄」の部分はどのように見つけるのがいいでしょうか。お金の3つの区分「消費」「浪費」「投資」のうち、「浪費」にあたる部分を減らしていくのが節約のコツです。

「浪費」は生きていく上で必要としない、無駄遣いのお金のことでしたね。私は、節約がストレスになるどころか、浪費を削らずに放置する方がストレスを感じるべきだと思っています。

なお浪費を削る際も、慣れるまで最初は簡単なものから始めていくといいでしょう。例えば、ほとんど利用していないサブスクなどです。一度解約の手続きさえとってしまえば、永久に節約することができるのでおすすめです。

ところで、浪費はどこから生まれてくるのでしょうか。私の周りの人を見ていると、「無駄を生むマインド」が大きな影響を与えていると感じます。そのワースト3を挙げてみます。

❶ **物欲**

他人よりも「高級な物が欲しい」「新しい物が欲しい」という気持ちがあると、いつまでもお金は増えません。なぜなら、次々と高級で新しい物が販売され続けるからです。

❷ **見栄**

節約しているところを見られるのは恥ずかしい、という気持ちを持っていると行動に移せません。節約していない人なんて、生まれつきの大金持ちくらいしかいないものです。誰だって割引やセールの言葉に反応します。世の大半の人が節約をしていると思えば、見栄にがんじがらめにされることもなくなります。なかなかお金が増えないと思っている人ほど、「見栄」を買っているものです。

❸ **習慣**

例えば「浪費」が習慣になってしまうと、そもそも浪費していることに気づきません。また、一度習慣化したことはやめるのにとても労力を使います。好ましくない習慣は、できれば初めから持たないのが一番です。

皆さんにも心当たりがあるのではないでしょうか。良い機会なので「無駄を生むマインド」を見直してみましょう。

無駄なものを捨てるのは、パソコンでデスクトップのごみ箱に不要なものをどんどん捨てて整理するのと同様で、本来ストレスはかからないはずです。

ストレスなく節約できると、継続することができるようになります。継続できるとお金が減りにくくなり、資産が増えるようになっていきます。成果が感じられるとモチベーションアップに繋がり、良いスパイラルに入ります。

費用対効果が低い節約法をやめるとさらにストレスが減らせる

ストレスゼロの節約をする上で考えなければいけないものに「費用対効果が低い節約」というものがあります。これは、自分の行動に対して効果があまり得られない節約のことです。

例えば、電気代を節約しようとしてこまめに電化製品のスイッチをオフにすることを心がけたとします。しかし、今の家電は消費電力が抑えられているものがほとんどなので、思っているほどの節約効果が感じられません。このような「費用対効果が低い節約」は、効果が少ない上にしっかりストレスだけは感じてしまうので、優先順位を低くすべきです。

我が家で取り入れた方法ですが、電気代を節約したいのであれば契約会社の変更を検討する方が「費用対効果が高い節約」になります。契約会社の変更手続きを行うだけで効果が得られるからです。電化製品のスイッチオフよりも労力をかけずに節約できます。

また、時間の考え方による節約法もあります。

お金を無駄にするということは、結果的にそのお金を稼ぐために捧げた「労働の時間」も無駄にすることに繋がります。この考え方を持つことによって、お金を無駄遣いすることに抵抗を感じるようになります。時間はお金よりも貴重です。お金は失っても取り戻すことができますが、失った時間は取り戻せません。

「時間の無駄」という言葉もありますが、その観点からいくと、「探し物を探す時間」や「不要なものを捨てる時間」も無駄です。無駄な時間をなくす努力としては、やはり「不必要なものは持たない・買わない」ということがベストだと思います。誰でも無駄なものを買った経験はあると思います。その失敗を繰り返さないよう、次に生かすことが大事です。

この「不必要なものは持たない・買わない」ことが、時間、ひいてはお金の節約に繋がります。

それでも節約が苦しいと感じた時の対処法

ここで言う節約が苦しい（節約苦）というのは、きちんと「浪費」だと思っていたものを削っているのに、苦しいと感じてしまう状態です。本来、浪費を削るのにストレスは感じないとお伝えしてきました。それなのにストレスを感じるならば、「浪費」と考えていたものが実は違う可能性が考えられます。

例えば、私は毎晩飲んでいたお酒をやめようとしたことがありました。しかし、結局禁酒自体をやめました。「飲みたい」を我慢している状態になってしまったからです。「～したい」という気持ちを抑制することは、「我慢ストレス」を積み上げることに繋がり、節約することが苦しくなると感じました。つまり、禁酒して節約することは、私にとってストレスを積み上げるだけで長続きしないということです。

そこでどう考えたか。お酒は一見浪費に見えますが、飲むことは気分転換にもなります。私にとってお酒は浪費ではなく、精神的な面で自己投資にあたるものだったと納得したのです。その分ダラダラと飲むことをやめて、節度を持って飲むようにしています。

このように、節約苦の原因として、本来削ってはいけない部分を削っている可能性が考えられます。それでは具体的にどう対処すればいいのでしょうか。これはまず、自分にとって優先順位の低い物（あまり満足感を得られない部分）から節約していくのがいいと思います。

例えば、おしゃれが好きで服や装飾品にお金をかけたい人は、他の部分を節約するのがおすすめです。服などにはしっかりお金をかけつつ、毎日コンビニや自販機などで飲料水を買うことをやめてマイボトルを持参する、惰性で読んでいる雑誌を我慢する、一駅分歩いて電車代を安くする、などです。

自分の好きなものや趣味に関しては妥協する必要はありません。一度きりの人生ですから、好きなことにお金を使うことは大切でしょう。その代わりに、自分があまり満足感を得られない部分について節約をしていけば、ストレスを感じにくくなります。

また、一度に全部節約しようとすると、継続できなかった時にリバウンドが大きくなります。節約の対象は1つずつ増やしていくようにする方がいいでしょう。

好きなことを譲らないことで、良い結果もあります。好きなことをやる分、要らないことは徹底的にカットする気持ちが強くなります。また、自分の価値観を再確認し、メリハリをつけて生活できるようにもなります。

先述しましたが、私のように苦しいと感じたら、潔くその節約をやめることも大事だと思います。その節約項目は「浪費」ではない可能性があるからです。その時は、節約しようと思っているものがお金の区分「消費」「浪費」「投資」のどれにあたるかを考え直す必要があるでしょう。また、時が経てば価値観も変わるので、前は無理だった節約が後からできるようになることもあると思います。

いずれにしても、今の自分にとって必要がない（価値がない）支出は何かを常に考え、判断する癖をつけておけば、ストレスゼロの節約は難しいことではありません。

ちなみに、家計簿をつけている人は「食費」「光熱費」など使った区分ごとにまとめることが多いと思いますが、「消費」「浪費」「投資」という区分でまとめてみると、違う視点で家計を振り返ることができるのでおすすめですよ。

家計簿の区分を変えると
気づきがあるかも

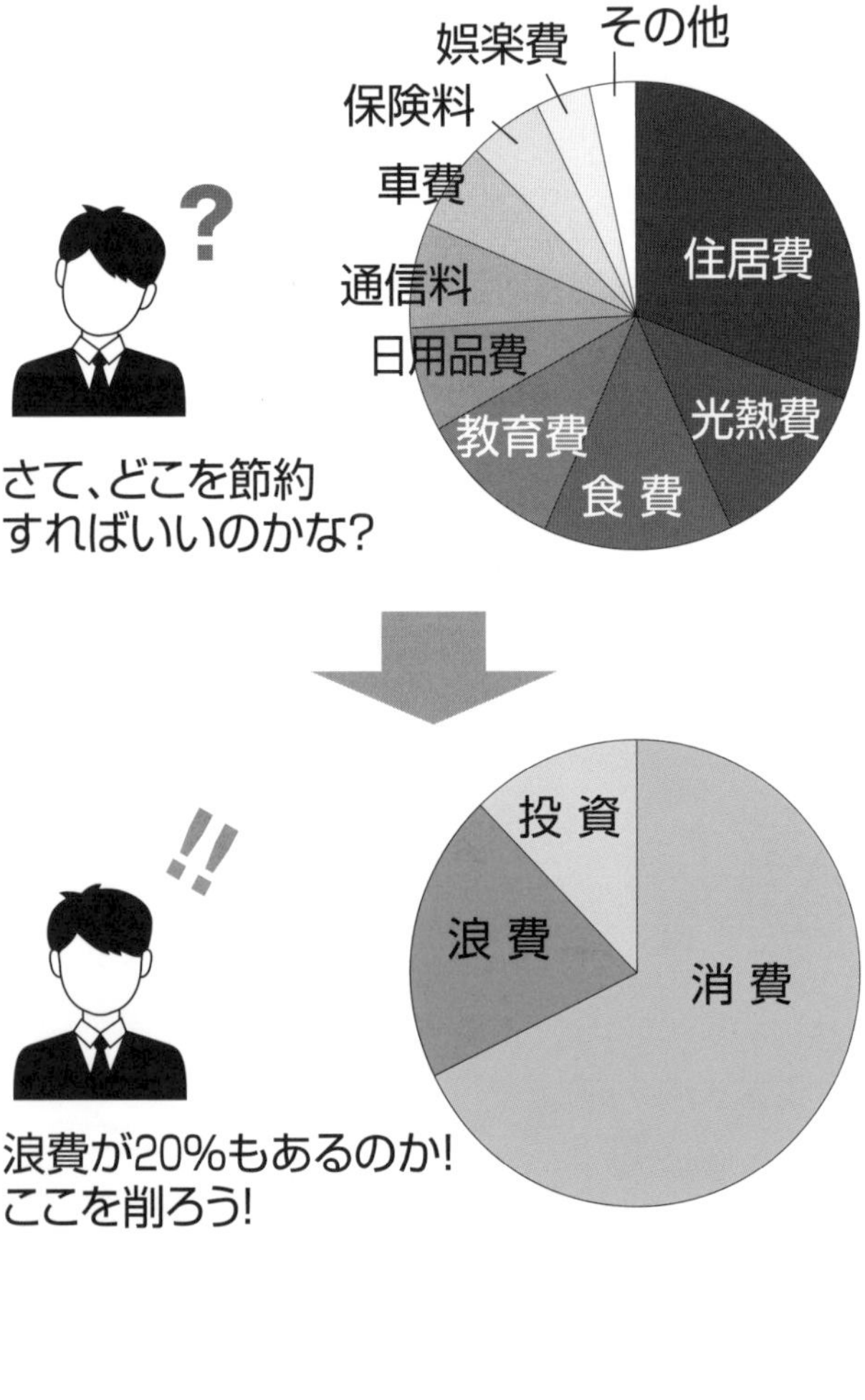

買い物は計画的に決めたものだけを買う

節約とは対極にある行動と言えるかもしれない「買い物」についても、ストレスを減らしながら上手に付き合っていく必要があります。

その方法が見出しにある「買い物は計画的に決めたものだけを買う」です。これが、なぜストレスフリーで節約するコツになるのでしょうか。

例えば、買い物の途中で本来買う予定のない物に目移りをしてしまい、突然それが欲しくなったことはないでしょうか？　この「〜したい」という欲望（このケースでは「欲しい」という欲望）を我慢すると、ストレスに繋がりやすくなります。

それを避けるために大切なのが**「計画外のものは買わない」「決めたものだけを買う」というルールを最初から作っておく**ことです。つまり、「～したい」という欲望が途中から生じないように自ら仕向けておけば、欲望を〝我慢する〟ことがなくなり、ストレスフリーになることができるのです。

他にも買うものを決めておくメリットがあります。無計画で買い物をした場合は、比較的失敗しがちだからです。私の経験談ですが、服を買いに行った時に「セール」という言葉に目がくらみ、もともと買う予定ではなかった物を買って帰ってきてしまったことがあります。しかも、買う予定であった物を買わずじまいで…。

また、家電の購入時も注意しましょう。必要のない高い機能を求めてしまうことがあります。高性能な物を見てしまうと、つい欲しくなってしまう方も多いでしょう。判断力が鈍っている時の買い物は、余計な物を買ってしまう可能性が大きいです。実際、多機能な家電を購入しても、一度も使ったことのない機能があったりします。ですから今では、家電の買い物に行く際には事前に必要なスペックを決めてから出かけるようにしています。

このような経験を得て、買い物リストの必要性を強く感じるようになりました。

リストを作るタイミングは、買い物に行く直前にしています。定期的に必要になる日用品などはネットで買うこともあるかと思いますが、ネットもたくさんの商品に目移りして、不必要な物を買ってしまいがちですよね。そんな時でも**買い物リストを作り、それ以外は買わないというルール**を決めています。

このようなルールを作ると、〝計画的にすること〟自体がストレスになってしまうタイプの人もいるかと思います。そんな方は、お金を使う時「誰かに財布を持たされて、頼まれて買い物に行っているんだ」と考えればいいと思います。他人のお金で勝手な物を買ったら怒られるので、普通は買わなくなるのではないでしょうか。実際に、家庭の物は誰かが代表して購入しているのであり、その財布の中身は、財布を持っている本人だけのものではないと思います。

外食は「食べたいものがある時」にだけ行く

外食は「食べたいものがある時だけ」行っています。当たり前だと思うかもしれませんが、実は皆さんもそうではない外食をしていることが多いはずです。

私は以前、外食は週末ごとに行くと決めていました。ただ、そのように形骸的に「毎週末行く」と決めて外食していると、浪費に繋がります。初めのうちは本当に食べたいものを食べに行けると思いますが、そのうち「特に食べたいものはないけど、とりあえず外食でもするか」と考えるようになってしまいます。これは無駄な出費です。

今は月に一度も行かないこともありますし、週に2回行くこともあります。基本的に1人で外食することはありません。外食するなら常に家族と一緒に行っています。また、金額で判断するのではなく、本当に食べたくて満足できそうなものだけを食べに行くようにしています。

外食は「おいしい」「お店の雰囲気が良い」「お店からの眺めが良い」など、味わうことができる感動がたくさんあります。そういった感動を味わうためにするべきです。また、その感動を「思い出」としてその後も感じることができると、とても素晴らしいと思います。お金の面で考えても、一度しかお金を払っていないのに「思い出」として何度も感動を味わうことができます。

食で重要なことは満足度だと思っています。心底満足できない外食は、お金を払ってまで行く気になれません。どの行動にも共通しますが、必ず目的を持つ必要があります。「外食に何を求めるのか？」それがあいまいなままの外食は満足度が上がりません。**目的のない外食は浪費の始まり**です。

我が家の外食の基準は「1年後にそのお店の味を思い出せるか？」です。このくらい外食に満足度を求めています。これによって「とりあえず外食」をする回数が減りますし、一度の外食での満足度が違います。また、外食の基準を定めたことで「満足できない外食なら、無理して行かない方が良い」と思うようになりました。

「週末だから」「給料日だから」という理由は、外食する理由と直接結びつかないので避けましょう。「○○記念日＝外食」というのも短絡的だと思います。自分へのご褒美なら外食以外でもいいわけです。「なぜ外食をするのか？」その目的を常に意識するのが大事です。「1週間前に何を食べたのか忘れてしまっている」程度の外食はやめた方がいいと思います。

また、妥協しての外食も避けたいです。具体的には、行きたかったお店が臨時休業などで休みの時、代わりにもともと行く予定のなかったお店に行くような外食のことです。外食は「満足するための手段」のはずが、いつの間にか「外食そのものが目的」に入れ替わってしまっている状態ですね。さらに、そこでたいして飲みたくもないドリンクを注文したりするのは、もっとNGです。

気づかずに浪費してしまう外食の例

○○記念日
だから
外食以外にも
祝う手段は
あるはず
せっかくの
週末だから
週末であることと
外食することは
直接関係ない
行きたかった店が
臨時休業で
別の店で食べた
「お気に入りの店で
満足する」はずが
「外食をする」に目的
が入れ替わっている
頑張った
自分へのご褒美
ご褒美といっても
お金を払っているのは
結局自分では…

「今日は○○を頑張ったから、自分へのご褒美に外食をしよう！」という気持ちになることも多いかと思います。でも、ごちそうしてくれるのは友人や恋人ではありません。自分がお金を払っているのであれば、それは〝ご褒美でもなんでもない〟ことが分かります。

このように挙げてみると、無駄な外食というものがいかに多いか分かります。これらを避けると、無理なく効果的な節約に繋がっていくでしょう。

貯まらない人には「悪習慣」がある

お金が貯まらない人は、次のような悪い習慣が身についている可能性が高いです。当てはまるかどうかチェックしてみてください。それぞれの解決法も併せてお伝えします。

❶ そもそもお金の出口を管理していない

お金の出口を管理していない状態は、お風呂の栓を抜いた状態でお湯を溜めようとしているようなものです。お湯をいくら足しても流れ出ていくので、溜めようと思っても永久に溜まることはありません。

解決法↓レシートを必ずもらいましょう
まずは流れ出ていくお湯の量を把握。1週間分レシートをもらった時には、その枚数に驚愕するかもしれません。

❷「少額ならいいや」と思っている

まさに「ちりも積もれば山となる」です。一度に支払うお金は少額でも、同じことを1年間続けていると大きな額になっているものです。その事実に気づくことが大事です。

解決法↓1週間だけ家計簿をつけてみましょう

1週間分の各項目の額を50倍すると年間に支払う額が大体分かります。それらを合計していくと、お金の使い方を考え直すきっかけになると思います。

③ **お金を使うことがストレス発散になっている**

お金をストレス発散の手段にしていると、ストレスが溜まるごとにお金を使わなければならなくなります。ストレス社会を生きていくことを考えると、お金が貯まるわけがありません。

解決法↓運動など、お金をかけないストレス発散方法を探す

お金をかけないストレス発散方法はいくらでもあります。また、ストレスは大きくなるまで溜めずに、小さなうちに解消するのがコツです。

④ **帰り際に寄り道をする**

コンビニや100円ショップなどに寄り道をすると、ついつい買いたい衝動にかられてしまうのが本性だと思います。特に「新商品」や「季節商品」に弱い方は気を付け

ましょう。

解決法↓用がないのに寄り道する行動を改める
コンビニなどは莫大な量のお客さんの嗜好データを集積している、言わば販売のプロです。無防備な状態で近づくことは危険です（笑）。

⑤ ついで買い

レジ付近に置いてあるものは目を引きますが、買えば買うほどお金は減っていきます。定期的に商品が入れ替わるので、どこまでも欲しくなってしまいます。そもそもレジ付近に商品が置いてある理由は、「ついで買い」を誘うためであることを理解しておきましょう。

解決法↓「買い物リスト以外は買わない」ルールに沿って行動する
レジ付近に置いてあるのはお店の戦略です。その戦略にハマらないようにしましょう。

⑥ お金を使う自分へのご褒美がたくさんある

「頑張っている自分へのプレゼント」は分かるのですが、お金を使うことがご褒美だと支出は増える一方です。ご褒美を支出の言いわけにしている状態は危険です。そのような支出がどれくらいあるか、知る必要があります。

解決法↓「自分時間」をご褒美にする

サブスクで好きな映画をとことん見る、たくさん寝るなど「自分時間」を作るようなお金のかからないことをご褒美にしましょう。

また、お金を使うご褒美にする場合は、小さなご褒美をいくつも作るより、満足するご褒美を一つだけ作る「一点豪華主義」の方が結果的に安く済むことが多いです。

お金持ちは無駄なものにお金を使わない

お金の3つの区分「消費、浪費、投資」のうち「浪費」にあたる部分。これが「無駄なもの」と述べてきました。

私は特に消費と浪費の区別を明確にしています。**少しの工夫で節約できたりするものはすべて浪費**だと思っています。「浪費なんてしてないよ！」と思っている方でも、実は意外と浪費していたりするものです。

無駄なものにお金を使うということは、お金そのものやお金を稼ぐために費やした時間の他に、**お金を稼ぐために使ったスキル・知識・経験をドブに捨てていることと同じ**です。そのように考えると、お金を無駄なことに使うことの重大性に気づかされると思います。

そしてお金持ちになるような人は、基本的に無駄遣いをしません。そもそも価値を感じないものに、お金を払う気がないのです。

セールなどでいくら値引きされていても「その物が自分の持ち物としてふさわしいかどうか？」が肝心なので、いくら安くても価値のない無駄なものにお金は払わないという考え方です。そして、使うべきところと使わないところを明確にしている人が多いようです。それだけシビアに考えているのだと思います。

なかなか浪費がやめられない人もいるかと思いますが、「無駄なもの」を買わないようにするためには、お金を使う前に3つのお金の区分「消費、浪費、投資」について考えてください。

また、定期的に断捨離することもおすすめです。仕分けをしていると、「なんて無駄な買い物をしていたのだろう」と気づくことが多いです。その反省を買い物に活かすと良いと思います。

ミニマルライフのすすめ

ミニマルライフの良さとは、どんなところだと思いますか。私はそのメリットをこう考えています。

第1に、不必要な物を買わないことで、そもそもお金が減りにくくなります。

第2に、不必要な物を持たないことで、雑音がなくなり心に余裕が生まれます。ホテルを思い浮かべると分かりやすいと思います。長旅で疲れている時に物が少なくスッキリとした部屋に入るのと、物があふれ散乱している部屋に入るのとを。すっきりとした部屋の場合は心が落ち着くと思いますが、物が散乱している部屋の場合は精神的な疲れがさらに増えるでしょう。

第3に、在庫があるのに、物を買ってダブらせることがなくなります。季節もので去年買ったことを忘れてしまい、また同じものを買ってしまった経験はないでしょうか？　物が少ないと整頓もしやすいので、そういった無駄なことを防げます。

第4に、物が少ないので探し物が見つかりやすくなります。「あれ、どこいったっけ？」というのがよくありますよね？　そのような時、比較的早く見つけることができます。

第5に、掃除が楽です。我が家は掃除機をメインに使って掃除をしていますが、部屋の中に物が少ないと掃除機をかけるのがとても楽です。反対に、物がたくさんあると作業がかなり阻害されます。特に子どもは散らかし放題ですが、物が少ないとその防止にも繋がります。

ミニマルライフは、FIRE達成との関わりもかなり深いです。

前述したとおり、物理的には物を買う頻度が減ることに伴い出費が減ります。私は普段からほとんど物を買わないようになったので、支出が本当に減りました。また、物を保管するために必要なスペースが少ないので、その分家賃が浮きます。引っ越しの際は引っ越し代が安くなります。

そして、**「無駄な買い物に費やす労力と時間の消耗」から解放**されるので、ストレスが圧倒的に減ります。FIRE達成とは直接関係ありませんが、お金を使う際にもストレスはあります。

ミニマルライフのために、私は、「最近使っていないけどいつか使いそうだし、もったいないからとっておこう」という物は処分しています。基準は1年間で一度も使っていないような物です。処分した主なものは服、靴、バッグ、食器、文房具類などです。思い切ってあまり使っていない本棚と食器棚を処分したこともあります。一目見て即判断するようにすると結構捨てられます。逆に考え始めるとなかなか捨てられません。

セールの魔力に勝つ

セールの魔力に勝たなくてはならない大きな理由は、無駄遣いをなくすためです。なかなか魔力に勝てない人は、セールになっている理由を考えましょう。すると店側の思惑であることに気づきます。店によっては、値段はあってないようなところも出てきます。値段の裏側までを考えるとセールに踊らされることがなくなります。

ですが、「セールで買ってもいいもの」も存在します。それは、定期的に底値になることが分かっている物です。ただし、セールというよりはその値段がその商品の元々の値段だと思っています。

「セールで買ってはいけないもの」は、次のとおりです。

❶売れ残りの物。サイズが合わなかったり、好みの色がなかったりするのに、妥協して買ってしまいがちです

❷中身の見えない福袋。欲しくない物が入っていることがあります。その分お金の無駄ですし、前述の「物を増やさない」という観点からも避けたいところです

❸「2点で半額」になっているようなもの。値段に惹かれて、もともと買う気のないもう1点を買ってしまいがちです

セール自体を楽しんでいる人もいるかとは思いますが、資産形成には適していないのでやめた方が良いです。他にも人込みで疲れたり、列に並んで時間を消費したりすることもセールで生じる悪いことです。時間も大切な財産ですから。

第4章

お金の不安を解消するために

資産形成に必要なのは学歴ではなくマネーリテラシー

マネーリテラシーとは、金融や経済に関する知識や判断力のことで、資産運用はもちろん、経済的に自立し、生きていくために欠かせないものです。ところが、その重要性の割にしっかり身につけている人は意外に少ないのです。

私の周りを見てみると、学歴が高い人が必ずしも資産形成を上手に行っているわけではありません。それは、マネーリテラシーを今まで誰からも学ぶ機会がなかったからだと思います。日本では昔から「お金の話をしてはいけない」ような風潮があることも影響しているでしょう。実際に私は誰からも教えてもらったことはなく、すべて独学で知識を得てきました。

一言でマネーリテラシーと言っても広いですが、ここでは簡単に、絶対に知っておいた方が良いジャンルを挙げてみます。

● 税金

サラリーマンの方は給料から源泉徴収されているので、税金のことを考える必要性があまりありません。でも、調べていくと意外と払いすぎている税金があったりします。払いすぎている税金は自ら申告しないと取り返すことができません。自分に合った節税対策をしていってもらいたいです。

● 社会保障制度

保険を検討する際、国の社会保障制度を理解してからにしましょう。日本の社会保障は充実していると思います。それを知らずに保険を契約すると、必要以上の保障を付けてしまい余分なお金を払うことになります。

● NISA

株式投資や投資信託で、運用益の非課税枠を利用できる制度です。通常、株式投資や投資信託の利益には20・315％の税金がかかります。投資をしていて運用益に課税されないというのはとてもありがたい制度なので、使わない手はないと思います。

● 複利の効果

運用で得た利益を上乗せして再び投資することです。長期になればなるほどこの効果は大きくなります。

● リスク

投資におけるリターンの「振れ幅」のことです。基本的にリスクの大きい投資はリターンの振れ幅が大きくなり、リスクの小さい投資はその振れ幅が小さくなります。一般的に使われる「危険」という言葉と同じ意味でとらえてしまうと、「投資＝危険」という構図ができてしまうので注意しましょう。

マネーリテラシーが身につくことで「お金の流れのイメージ」を持つことができるよう

になります。どうやって商品が売られているのか？　どのように購買意欲がかき立てられているのか？　誰が利益を得ているのか？　最終的に得をしているのは誰か？　社会の構造が分かるようになっていきます。

それでは、リテラシーをさらに向上させるためにはどうしたら良いか。具体的なポイントを2つお伝えします。

❶ たくさんの本から学ぶ

定期的に書店に行き、「自分の知らない情報はないか」と常に発見しようとすることが大事です。私はさまざまな情報を得るために週に一度は書店に通っています。たくさんの本を読むことで知識が増えますし、広い視野を手に入れることができます。本は執筆者の経験や知識が詰め込まれています。それを手に入れることができるのはとても凄いことです。1カ月に1冊の本を読むと、年間12冊の本を読めることになります。例えば、投資に関する本を10冊も読めばかなりの知識が身につくので、不安なく投資を始めることができると思います。

② ファイナンシャル・プランナー3級程度の知識を身につける

3級程度の幅広い知識があれば、必要な時にその都度関連する項目を奥深く調べていくことができます。幅広い知識がなければ、関係する項目を「調べる」という発想にすらたどり着くことができません。知らないだけで損している場合もありますので、まずは幅広い知識を身につけるべきです。

お金に関する知識を教えてくれる人は、周りにあまりいないと思います。ですが、学べるツールはたくさんあります。それらを上手く活用するためには、自分から積極的に情報を集める必要があります。

また、お金の常識は時代とともに変わります。昭和の常識や価値観は令和の時代では通用しません。時代の変化に敏感になり、それがお金に対してどのような影響を与えるのかを注視していく必要があります。特に子どもがいらっしゃる方は、子どもの将来のためにもお金の知識を身につけるべきです。「お金のことなら親に相談できる」という環境だと、子どももお金のことで悩むことが少なくなると思います。

最後に、重要なことをお伝えします。マネーリテラシーを高めていくと、遠回りすることなく可能な限り近道で資産形成していくことができます。

マネーリテラシーを向上させることは、「攻め」と「守り」の知識を身につけていくことだと思っています。「攻め」は資産を増やすためにはどうしたら良いか、「守り」は資産を減らさないためにはどうしたら良いか。マネーリテラシーを身につけずに資産形成をしようとすると、不必要にお金を使ったり、もっと増やせるチャンスがあっても気づかなかったりして、同じ利益を得るにしてもものすごく遠回りになります。「攻め」と「守り」の2つの知識を向上させることで、効率的に資産を増やすことができるはずです。

お金の知識の積み上げ＝資産の積み上げ

今まで積み上げてきたお金の知識は、間違いなく資産だと私は思っています。なぜなら、知識の資産がなければ効率的に資産形成できず、金融資産を積み上げることはできなかったからです。お金は資産そのものですが、お金を作るための知識も資産そのものです。

それでは、知識を積み上げるための基本として、どんなことに着意すればいいのでしょうか。主なものを挙げてみます。

●新しい情報を追い続ける

常に本やネットからたくさんの情報を吸収し続けることで、知識が深まっていきます。また、情報を追い続けていると、思いもしなかったような新しい情報と出合うことがあります。お金は生ものなのでお金に関する制度は刻々と変化します。暗号資産などの新しい分野が生まれたりするので、チャンスを逃さないためにも継続的に学んでいく必要があります。

●自分に必要なお金の「ジャンル」を常に意識する

今必要とする情報も大事ですが、ライフステージが変わっていくと、それに合わせてお金の知識も変える必要があります。近い将来必要となる未来の情報も集めることで、遠回りすることなく資産形成をしていくことができます。

●苦手意識のあるジャンルは、まず簡単なものから情報を集める

誰にも苦手なジャンルはあると思います。だからといって、いつまでも避けて通るわけにはいきません。避ければ避けるほど損をする可能性があります。ですから、最初は簡単なものでいいので、情報を集める努力をする必要があります。

なぜお金の知識の積み上げが必要なのでしょうか。実は、学ばないことによって「お金

を守ることができない」という大きなデメリットがあるのです。特に気にしなくてはならないのが次の3つです。

❶ 金利、特にリボ払い

リボ払いは典型的な例でしょう。毎月の支払額が一定なので、利用しやすいイメージを抱きがちですが、支払う金利を考えると決してお得ではありません。

❷ 税額控除や所得控除

会社勤めの方は年末になると年末調整の手続きをすると思います。中身を知らないことで、控除されるべきものが控除されないという結果にもなってしまいます。お金の知識はお金を「守る」ためにも重要です。

❸ 投資

投資詐欺などのニュースが多く流れますから、「投資は危険」と思われている方も多いと思います。そのように思い込んでしまうのは、知識が少ないからです。投資が怖いから「貯金しかしない」という選択は、インフレが起きると資産が目減りしてしまいます。投資にもいろいろ種類がありますが、勉強をすれば決して怖いものではないことが分かるはずです。

家電の便利機能を、家族の中で自分だけが知らなかったとします。みんなは上手に使いこなしているのに、自分だけ使えていない状態です。そのような時は「自分だけ損した」と思うのではないでしょうか？　お金も同じです。

お金の知識がある人はたくさんのことを知っているので、お金を上手に使いこなしています。「知らない人だけがうまく使えていない」状態であるということをしっかり認識しましょう。

お金の勉強を趣味にしよう

「お金の勉強」といっても資格の取得を目的としているわけではないので、学生の頃のように机に向かって勉強することではありません。

勉強の目的は、無駄なく効率的に資産形成をすることです。そのため、本やネットなどでさまざまな情報をたくさん吸収していきます。勉強していくジャンルは投資、節約、税金、社会保障、確定申告など自分の人生に関係のあるすべての分野になります。

お金はあくまで道具です。お金の勉強は、道具の使い方を学ぶことです。お金の使い方はとても複雑で、かつ現在進行形で変化しています。**自分の人生に必要なオリジナルのマニュアルを作り、それを継続的にアップデートしていく必要があるのです。**

お金の勉強を好きになる方法の一つが、身近にある実践できそうな分野から勉強を始めて、すぐに行動に移すことです。行動に移せば結果がついてくるので、勉強した成果を感じられますます好きになっていきます。

例えば、人気の〝ポイ活〟はいかがでしょうか。最近はほとんどの支払いにポイントが付いてきます。さらに獲得したポイントで投資ができるものさえあります。10円でも100円でも良いので、まずは行動してみて、その成果を感じれば勉強の意義を感じることができるのではないでしょうか。

そして、お金の知識を楽しく身につけるために、次の方法を紹介します。

❶ 執筆者のSNSを見る

本を書いている人はたいていSNSで情報発信しています。本を読んでみて気になる執筆者が現れたらSNSをのぞいてみてください。継続的にその人の考えを知ることで、さらに知識が蓄積されていきます。

② 自分の興味のある分野の情報を発信しているインフルエンサーを見つける

節約術、投資など何かに特化した情報を発信しているインフルエンサーを見つけてチェックすると、より深く知ることができるようになります。さまざまな活動をしている人が多いので、いろいろなところから情報を集めましょう。1人だけだと考えに偏りが出てしまうので、数人の意見を参考にすると良いでしょう。

③ 音声SNSを利用する

何かをしながらでも、空いている「耳」で知識を得ることができます。ここでも専門家や有名インフルエンサーが情報発信しているので、ぜひ利用してみてほしいです。〝耳だけ勉強〟だとそこまで気合を入れなくてもできますし、通勤電車の中でも聞けるので忙しい社会人にはうってつけですよ。

本嫌いの人でもYouTubeなどの動画で学ぶこともできますし、音声配信を活用すれば、料理をしながら情報を得ることができる時代です。使う媒体は自分に合ったものを選ぶと趣味にしやすいと思います。

「ライフマネープランシート」でお金にまつわる不安を可視化

将来のお金の不安を軽減してくれるものに「ライフマネープランシート」があります。今後の人生にどんなライフイベントが起こり、年齢ごとにどれだけのお金が必要になってくるのかを分かりやすくするものです。

シートを作る際に入れる要素は以下のとおりです。

- 収入＝給与、保険満期金、各種手当など

● 支出＝住居費、教育費、車費、生活費、旅行費など
● ライフイベント＝出産、進学、就職、退職など

シートを作ることのメリットは、「いつ、いくら、何のためにお金が必要か」を可視化することで、将来の家計を客観的に把握できることです。

例えば、収入よりも支出が多い時（＝資産を切り崩したり借金をしたりしなければならない時）のタイミングがいつ訪れるかが分かり、それまでの準備期間を知ることができます。事前にお金の必要な時期が分かれば、お金と気持ちの両方の準備ができます。

お子さんがいらっしゃる方は、教育費や進学、社会人になるまでの間の必要資金を把握できます。また、学費や習い事・塾などに、いくらまでお金をかけられるかを知ることもできます。家庭の考え方にもよりますが、場合によっては奨学金の検討も必要になるかと思います。

ライフマネープランシートの例

収入・支出やライフイベント(出産、進学など)を一覧にすることで、いつ、いくら必要になるかが把握できる

西暦		2023	2024	2025	2026	2027	2028	2029
年齢・ライフイベント	夫	45	46	47	48	49	50	51
	妻	40	41	42	43	44	45	46
	長男	13	14	15	16	17	18	19
		中学入学			高校入学			大学入学
	長女	11	12	13	14	15	16	17
				中学入学			高校入学	
	次男	9	10	11	12	13	14	15
						中学入学		
	家族全体		海外旅行					車購入
収入	夫給与	450	450	460	460	470	470	480
	妻給与	40	40	40	40	40	40	40
	保険満期金							100
	その他	50	50	50	40	30	20	20
収入合計		540	540	550	540	540	530	640
支出	住居費	84	84	84	84	84	84	84
	生活費	120	120	120	120	120	120	120
	教育費	30	30	30	50	50	70	140
	保険料	20	20	20	20	20	20	20
	車費	10	10	10	10	10	10	310
	被服費	10	10	10	10	10	10	10
	旅行費	10	100	10	10	10	10	10
	趣味・自己投資	10	10	10	10	10	10	10
	その他	40	40	40	40	40	40	40
支出合計		334	424	334	354	354	374	744
年間収支		206	116	216	186	186	156	-104
総資産		206	322	538	724	910	1066	962

※ライフマネープランシートの一例(数値は参考)。
著者が使っている表を一部変更したものです

家を購入するならいくらまでなら払えるか、ローンは何歳までに返済可能か。また新築か中古かなどの選択肢が出てきます。必要な金額を知ることで、実家を受け継いだり、一生涯賃貸を選んだりするなど選択肢も増えるかもしれません。

そして定年退職後。引退後の資金についてもおおよそ見通しはつくと思います。シートを作ってみて資産が足りなさそうだと感じた場合は、現役中から副業や投資を始めるなど、早い段階から準備していくと良いでしょう。

まだライフマネープランシートを作っていない人は、今すぐ作ってみてください。周囲に聞いてみると、意外と作ったことがない人が多く驚きです。お金の不安は「将来を見通せない」という状態が作り出すものです。簡単な物でも良いのでまずは作ってみて、将来必要なお金を把握することをおすすめします。作らないと一生お金の不安はつきまとうと思います。

ちなみに、私は結婚したタイミングで作成しました。独身時代は貯金ゼロの浪費家だったので、生涯のお金は足りるのかを漠然と知りたかったからです。作る際は、将来にわたって「どの時期にいくらお金が必要となるか」を調べる必要があります。調べていくにつれてお金の知識も積み上げられていくので、早い時期から着手する方が望ましいですね。

なお、理想を求めるあまり、現実離れした計画は意味がありませんので注意が必要です。また、もしお金が足りなくなりそうだと分かった場合、ほったらかしにしないで必ず何らかのアクションを起こしましょう。時間が経てば経つほど準備期間が減っていき、状態は悪化するばかりです。

また、シートを作ったことで満足してしまい、存在を忘れてしまっていては意味がありません。年に一度は必ず見直してください。私は毎年お正月に確認することにしています。「ライフマネープランシート」はあくまで計画にすぎません。計画と現実がまったく同じになることは少ないと思います。毎年修正しつつ、計画そのものに無理がないかを常にチェックし、現状を自覚することが大事です。

手取り年収200万円台時代を生きる方法とは

これからの雇用形態の主流や、人の価値観を考えると、世帯手取り200万円台時代がやってくると思っています。この時代を生き抜くために、どうすべきかを考えないといけません。

厚生労働省の「2021年 国民生活基礎調査の概況」を見ると、世帯所得の中央値は440万円、400万円未満の世帯は全体の45・2％、300万円未満の世帯は31・8％になります。

ここで問題です。手取り年収200万円台の場合、「その年収の中で暮らす方法を考える」「増やす努力をする」のどちらが良いと思いますか？

世帯所得300万円未満は
全体の31.8%に上る

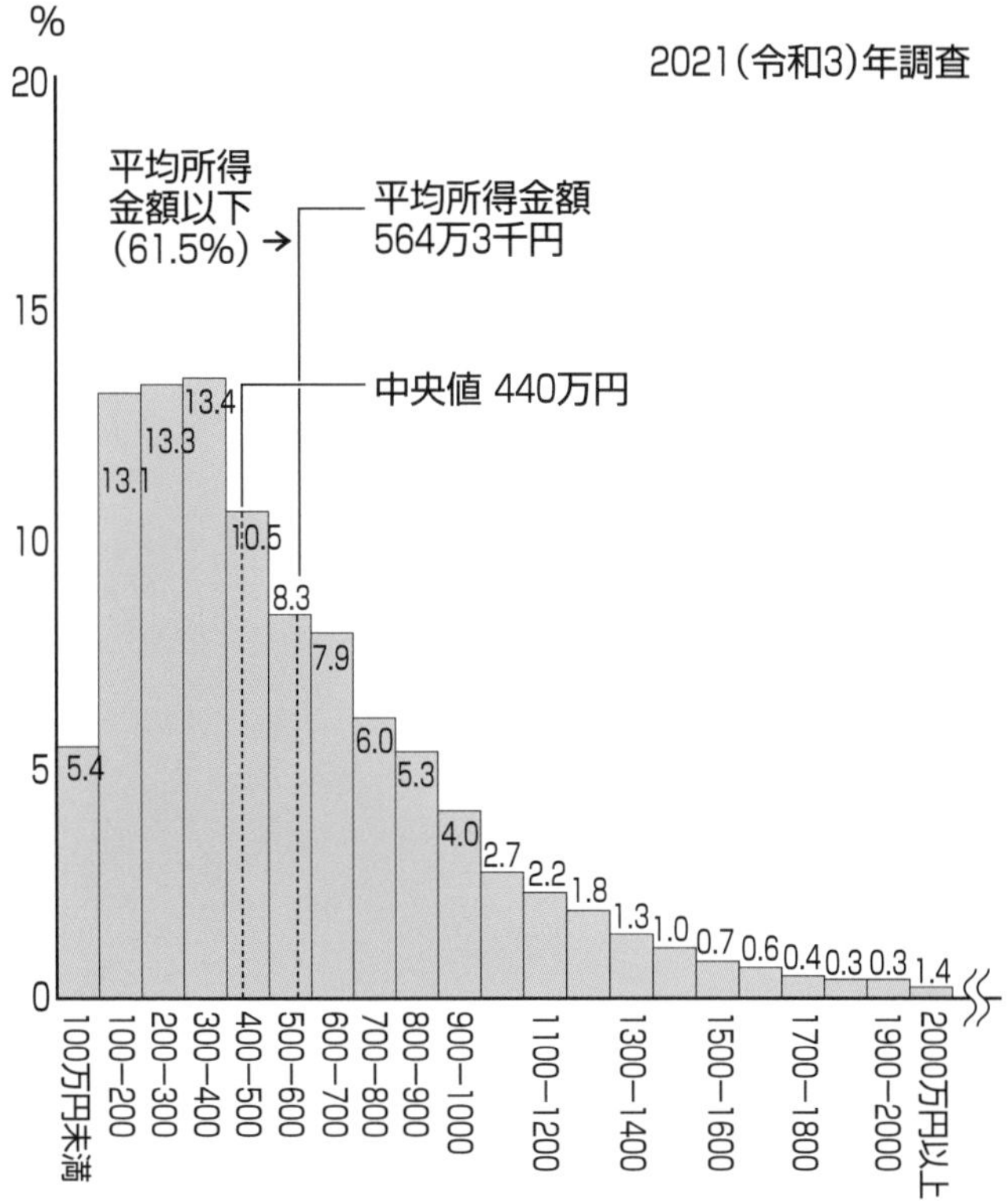

厚生労働省「2021年 国民生活基礎調査の概況
Ⅱ 各種世帯の所得等の状況　『2 所得の分布状況
図9 所得金額階級別世帯数の相対度数分布』」から

その答えですが、どちらか一方というよりは、両方しなければなりません。ただ、収入を増やすことに比べ、必要最低限のお金の中で暮らすことはすぐに始められるので、優先的に始めるとすればまず節約になります。

もう一方の「増やす努力をする」ですが、日本の経済状況を鑑みると将来的に給料が大幅に上がることは期待できません。また、どちらかというと増税傾向にあるので、給料が上がっても手元に残るお金を大きく増やすことは難しいと思います。それを踏まえると、収入源を一つだけにしておくのではなく、副業をしたり投資をしたりして「増やす努力をする」必要性がでてくると思います。

それでは、実際にどのように暮らしていけばいいのでしょうか。そこで、〝30歳夫、妻の2人暮らしのサラリーマン〟が年間約260万円の支出（貯金・投資分を含む）で資産形成するモデルを考えてみました。

● 家賃　7万円

- 食費　3万円（すべて自炊）
- 光熱費　1万5000円
- 通信費　6000円
- 医療費　3000円
- 雑費・日用品　3000円
- 交際費　2万円
- 被服費　2万円
- 貯金又は投資資金　5万円
- 合計　21万7000円

「浪費」を削ってシンプルライフを心がければ充分生活できますし、貯金や投資に充てる資金も確保することができます。不必要なもの（コト）は持たない・買わない・やらないが鉄則です。自己投資は必要ですが、お金をかけなくてもできる方法を考えるといいでしょう。

「現役時代はシンプルライフでやりくりできても、老後はどうなのか」と心配をされる方も多いと思いますが、その場合は次のようなポイントに気を付けてみてください。

● 長期の資産運用を行う

貯金だけではなく運用して増やすことで、老後の心配を軽減しましょう。毎月5万円を貯金できると10年で600万円、20年で1200万円、30年で1800万円になります。一方、毎月5万円を運用益5％の投資信託で運用できたと仮定すると10年で約770万円、20年で約2000万円、30年後には約4100万円になります。

● 最低限の生活費を知る

最低限どれくらいのお金があれば生活できるか（ミニマルライフコスト）を知っておくと良いです。その額を確保できれば生活できるという目安が自覚できるので、老後のお金の心配は減ってくると思います。

● 自分の幸せの軸を持つ

「お金を使うことだけが幸せではない」と私は思っています。何かをすることに常にお金が必要と考えがちですが、工夫次第でお金をかけずにその目的を達成することは可能です。例えば、体を鍛えたいと思っている人はすぐにジムに通うのではなく、まずは自分だけでできるトレーニング法をネットなどで検索して、取り入れてやってみましょう。いくらでもやり方はあると思います。なんでも自分でできるようになると、お金は驚くほどかからないものです。

第5章

FIREを目指すには

FIREの計画を立ててみよう

改めて、FIREとは「Financial Independence, Retire Early」の略で、経済的自立を達成して早期退職をすることです。退職後は生活に必要な支出を投資の運用益などの不労所得で補い生計を立てていきます。アメリカから始まったムーブメントですが、日本でも注目を集めています。

私は2021年にFIREを達成しましたが、そのための計画というと…。初めは「資産形成」とまでは考えておらず、ただひたすら浪費を削って貯金に充てていただけでした。結婚当初は貯金がゼロだったのですが、将来のことを考えるとライフイベントと共にお金が必要だということが分かったので、コツコツ積み上げていったのです。貯金生活から数年が経った頃、本やブログを読んで自分にも投資ができるということを知り、投資生活を始めました。

過去に働きすぎて体と心を壊したことがあるのですが、そういった経験から生き方を見つめ直していた時期に、本を読んで「ＦＩＲＥ」という生き方があることを知ります。その時はすでにそれなりの資産があったので、「私にもできるかもしれない」と思い、ＦＩＲＥまでの目標金額を決めて本格的に目指すことにしました。

コロナショックで資産が減ったこともありましたが、暴落はチャンスという認識があったので投資を継続しました。回復後は、それまでより資産が増え、ＦＩＲＥ目標額を達成することができたのです。資産形成開始から15年以上の月日が経っていました。

ここで私の経験から、計画を立てるにあたり最初にやっておきたい3カ条をご紹介します。参考にしてみてください。

❶ まず、家族で目標を話し合う

人生の方向性を決めるわけですから、家族で話し合うことはとても大切です。なぜFIREを目指すのか？　いつまでに達成したいのか？　どういった資産形成をしていくのか？　まずはこのあたりを決めておけば、途中でギクシャクすることなく継続していけると思います。独りよがりの計画は避けましょう。

②

焦らず無理のない、長続きする計画を立てる

スタートからゴールまでは長い道のりとなります。資産形成は続けていくことが一番大事です。途中で息切れすることがないような「無理のない計画」を立てることが重要です。

③

自分の価値観（人生）を大切にして、お金を使うところと使わないところを明確に

ゴールまでの資産形成中も大切な人生です。支出を抑えることは資産を増やす上でとても効率的ですが、支出を制限してばかりというのは自己投資という観点からはあまり良いものではありません。お金を使う分野と使わない分野を明確にして、資産形成中も人間として成長していけるような計画を立ててください。第4章で紹介したライ

FIREの計画を立てよう

1 家族と目標を話し合う

- ☑ なぜFIREするのか
- ☑ いつまでに行うのか
- ☑ 資産形成の手段は?

2 長続きする計画を立てる

- ☑ 理想が高すぎないかどうか
- ☑ 無理なく資産形成できる期間はどれくらい?

3 お金を使うところ、使わないところを明確に

- ☑ 必要な自己投資を見極める
- ☑ 浪費と投資の区分をしっかり認識する

FIREは長期戦
最初の計画をしっかりと

フマネープランシートを活用しましょう。

ＦＩＲＥを達成するための計画を立てるのは、早ければ早い方が良いでしょう。ＦＩＲＥを目指すなら、この文章を読んでいるまさに「今」です。

理由は、よほどの収入がない限り、ＦＩＲＥをするための資産形成には時間が必要となるからです。コツコツと資産形成を行い、10年から20年かけてＦＩＲＥを達成することが多いのです。節約も資産形成のための大事な行動の一つだと思っています。わずかに節約をするだけでも少しずつＦＩＲＥに近づいていきます。計画も節約も早いうちから始めていきましょう。

ＦＩＲＥを目指すには

ＦＩＲＥは目的ではなく、あくまで手段です。よくＦＩＲＥすることがゴールだと思っている人がいますが、それは違います。なぜならＦＩＲＥ後も人生は続くからです。ＦＩＲＥ後は今までとはまったく異なる人生になるので、その目的を明確にする必要があります。

ＦＩＲＥを実現して「自分らしい人生を送りたい」「自分にしかできないことをやりたい」「家族と大切な時間を過ごしたい」などを思い描くことでしょう。さらに、その目的に到達するための目標を具体化すると良いです。

ＦＩＲＥを達成するために、そしてＦＩＲＥ後にも私が大切にしている信条は２つあります。

1つ目は「自分が大切にしていることは譲らない」ということです。今私が大切にしていることは時間と健康です。どんなお誘いがあろうとも、自分の価値観に合わない時間の使い方や、健康を害してまでしなければならないことはお断りしています。これは今まで生きてきた中で失ってはならないものだと思っています。

2つ目は「死ぬ直前に何を思うか？」です。結局、ここに行きつくと思います。悔いの残る人生ではなく、満足できる人生にしていきたいです。

FIREを目指す第一歩として、投資を体験することが大事です。この時に、過去の値動きを参考にして自分のリスク許容度を確認しておくことも重要です。なかなか取り掛かれない人もいるかもしれません。そんな時には、資産運用をした10年後、20年後と、資産運用をしない10年後、20年後を比較してみましょう。

資産運用は、基本的には早ければ早いほど有利になります。ダイエットと同じかもしれません。また、今は貯金ではお金は増えないと言っても過言ではないでしょう。運用せずにお金を寝かせていることを「機会損失」ととらえましょう。

実際にFIREして思ったのは、想像していたよりも時間の経過が早いということです。FIRE生活は時間があるという印象が強いですが、1日があっという間に過ぎ去っていきます。ですから、事前に1日の予定を作っておき、時間を無駄にすることがないようにした方が良いです。

FIREを目指すためにするべきこと／してはいけないこと

さらに、FIREを達成するための心構えや、達成するまでやり続けなければならないことをお伝えします。

● 自分の価値観を大切にする

本気でFIREを目指している人は少数派だと思います。自分の人生の価値観が、他の人とは違うことに気づくはずです。そこで、ブレない自分の価値観が重要になってきます。何のためにFIREを目指すのか？　自分の中で明確にしておきましょう。

● 臨時収入はそのまま投資へ

時には給料以外から臨時収入が入ることがあると思いますが、ほとんどの人はそのまま使ってしまいます。FIREを目指すなら臨時収入は資産増加へのチャンスなので、投資へそのまま回すのが最適解です。このような考え方を持っておくと資産が増えやすくなります。できれば、ボーナスもそのまま投資に回しましょう。

● 習慣化する

資産管理、投資、節約、知識の吸収など、資産形成をしていく上でやらなければいけないことはたくさんあります。それらは短期で終わるのではなく、継続的でなければなりません。しかも、FIRE後も行う必要のあるものがほとんどです。ですから、歯磨きをすることが当たり前であるように、やらなければいけないことは習慣化しなければなりません。

● モチベーションを維持する

資産形成の道のりがとても長いので、途中でモチベーションがダウンしてしまわないように工夫する必要があります。例えば定期的にFIRE関連の書籍を読むとか、ゴールまでのパーセンテージを数値で見える化しておくなどが良いと思います。

● 志が同じ人を見つける

1人で黙々とFIREを目指すのも良いですが、やはり仲間がいる方が心強いものです。同じ価値観の人とはSNSなどで繋がることができるので、積極的に交流していきましょう。そうすることで、知らなかった知識を得ることもできるでしょう。

また反対に、ＦＩＲＥを達成するために「してはいけないこと」もあります。

●収入が増えた分、支出を増やす

これは絶対にしてはいけません。周りにはお金を派手に使っている人もいるかと思います。隣の芝生は青く見えるものですし、うらやましく感じることもあるかと思います。そういった時に、節約して浮いたお金や資産運用で増えたお金を支出に回してしまうと、ＦＩＲＥまでのゴールが遠のいていきます。支出を増やすために資産形成しているわけではないので、気を付けましょう。そのような時こそ、先ほど述べた「自分の価値観」を大事にしてほしいです。

●無理だとあきらめる

取り組んでいく中で、計画通りいかなくて悩むこともあるかと思います。でも、いいんです。それが普通だと思いますし、乗り越えた先に道が開けます。途中で無理だと決めつけずに、あらゆる方法を探しながら進んでいきましょう。

そして、してはいけないことでありながら、FIREを目指す人が一番やりがちな、あるいは陥りがちなことがあります。それは「楽して儲けようとする」ことです。

誰でも楽してFIREしたいものです。ですが、そんなことは現実的ではありません。近道して儲けようとすると痛いしっぺ返しをくらいます。「絶対儲かる」などのフレーズは、その裏で本当に儲かっているのが誰かを考えましょう。やはり、急がば回れが一番の近道です。

不労所得≧生活費をどうやって実現するか

FIRE達成後の生活費の捻出は大きな課題です。当たり前のことですが、リタイアしているため、死ぬまで底をつきない額の貯金か、生活費と同じかそれ以上の額の不労所得が必要になります。

必要な生活費はどのように計算し、必要な生活費を得るためにはどれくらいの金額を、どこに運用したら良いか、具体的な算出方法をお伝えします。

まず、生活費は固定費、変動費に区分して月ごとおよび年ごとにかかる費用を算出しましょう。固定費とは住居費、通信費、保険、教育費、ローンなど。変動費とは食費、被服費、医療費、旅行代、冠婚葬祭費などです。

月によって額が変わるような項目は年間で算出すると良いです。生涯の支出を把握するためには、ライフマネープランシートを作り、ライフイベントに応じた支出額を算出します。

不労所得≧生活費を成り立たせるための資産運用例として、月に20万円分の生活費をインデックス投資だけで準備するとします。月に20万円ということは年間２４０万円が必要になります。インデックス投資の年間運用益を４％と仮定した場合、６０００万円を運用することができれば、生活費２４０万円分を準備することができます（ここでは税金や運用コストなどは省略します）。

それでは、不労所得に加えて貯金もある程度用意しておくべきなのでしょうか。

前提として、投資はしばらく使う予定のない余剰資金で行うものなので、使う予定もしくは使う可能性のあるお金は資産運用には充てません。

不労所得を株式の投資信託などで確保している場合、経済が低調だと期待している運用益に達しないことがあります。そういった場合を想定してお金（貯金）を用意しておくと、運用資産を切り崩すことなく生活費に充てることができます。やがて経済が好調になり期待している運用益以上になった時に、切り崩した分の貯金を補填するという方法です。

貯金をどれくらい用意しておくと良いかは一概には言えません。運用額が多ければ多いほどリターンを望むことができますが、貯金額の比率を高めると運用額が少なくなるからです。そもそも運用額がかなり多かったり、不労所得を複数持っていてリスク分散していたりすれば、貯金額は少なくても大丈夫だと思います。

付き合う人の年収が、自分の年収を決める

なぜ、付き合う人の年収が、自分の年収を決めることになるのでしょうか。例えば、付き合う人が会社の同僚だけだとしましょう。その会社で働くこと、貰う給料、行動範囲などが当たり前になり、人生観も同僚とさほど変わらないと思います。いつの間にか自分の限界を決めてしまう恐れすらあります。

それが、異世界の人と交流があるとどのような影響があるでしょうか。

他人の思想から刺激を受け、今までの当たり前が当たり前ではないことに気づくと思います。見える世界が広くなり、それだけ選択肢も増えることになります。世界が広くなることで、自分で決めていた年収の限界を取り払うことができるようになります。

自分の理想とする年収の方と実際に会って話をするのが一番良いと思いますが、現実には難しいと思います。そもそも機会がなかったり、遠方なため会えなかったり、住む世界が違いすぎて会えなかったり。

ですから私は、理想とする人の書籍・SNS・ブログなど、その人の思想を発信している情報を積極的に取っていくようにしていました。まだそのような理想とする人がいない場合も、情報を集めることによって見つけることができると思います。

FIRE達成に向けて動いている時は、友達になれるのであればFIRE達成後の人と友達になった方が良いでしょう。資産形成の知恵やコツ、苦労話について教えてくれると思います。

また、達成途中の同志がいる場合も頑張れると思います。何事も同じですが1人で頑張るより仲間がいる方が、辛い時などに励まし合うことができるからです。

自分の将来を知りたければ、上司を見よう

自分の将来を知るにあたり、まず上司の年収、役職、仕事内容を把握しましょう。働いている会社がよほどの成長を成し遂げない限り、10年先輩の姿が10年後の自分の姿です。これでおおよその見当がつくでしょう。

また家庭の将来も想像がつくと思います。上司の送っているライフイベントは、自分がこれから送るライフイベントの参考になります。子どもがいる方であれば、子どもの年齢に応じてどのような過ごし方をするのか？　マイホームをローンで購入しているのであれ

ば、どのように返済しているのか？　などを伺ってみましょう。

日本は人口減少の歯止めがかかっておらず、経済的な成長はあまり期待できないと思っています。また、社会保障を維持していくために増税の流れは今後も止まることはないでしょう。そのように考えると、お金の面で将来的に今の上司よりも有利になることはないと思います。

私が勤めていた職場の上司は、結婚、子育て、マイホーム、定年、第2の人生など、よくあるモデルケースになるような人が多かったです。若干の違いはあれ、ほとんどの人が似たような人生を送っています。それが悪いわけではないのですが、同じような人生を送る人が多すぎたので違和感を持っていました。もう少し人生に刺激があっても良いのではないかと感じていました。

反対に、上司のような人生に特に不満がない方もいらっしゃると思います。自分の将来に不満がなく、逆に満足しているくらいであればＦＩＲＥする必要はないと思います。その場合はＦＩＲＥすることによって、不満が募る可能性の方が高いでしょう。ただし、今は不満を持っていなくても何かのきっかけで不満を抱くこともあるかもしれません。そのような時に舵を切ることができるよう、準備をしておくことは必要だと思います。

子どもがいる人のためのFIREを達成するコツ

子どもがいることでＦＩＲＥ達成は難しいと感じる人もいるかもしれません。ですが私が知っている限り、子どもがいることであきらめた人はいないです。みんなコツコツと取り組んでいるようです。中には完全なＦＩＲＥではなく、まずはサイドＦＩＲＥ（不労所得を得ながらもある程度は働いて収入を得て生活するＦＩＲＥのこと　※参考サイト　https://www.aeon-allianz.co.jp/mane-kineko/article/page019.html）を目指すことに切り替えている人もいます。将来的に必要なお金は人によって違いますし、資産形成の進捗具合もそれぞれですから、それで良いと思います。「労働の時間を減らしたい」という目標は共通なのだと思います。

子どもがいてＦＩＲＥを達成するのが難しいと感じている人に、それを解消させる方法を提案します。

● 教育費に不安がある人

進学する学校や習い事の量や種類によって、トータルで必要となる金額に大きな差が生まれます。よくモデルケースが紹介されていますが、最大を見積もるとキリがないと思います。子どもが成長すればある程度の方向性も見えてくるかと思います。もし不安が残るようであれば、「ＦＩＲＥ達成の時期を遅らせる」とか「サイドＦＩＲＥから完全ＦＩＲＥへと段階的に移行する」という方法もあるでしょう。

ただ知っておいてほしいことは、お金をかけることで子どもの幸せが約束されるわけではないということです。

● 資産形成のための勉強をする時間がない人

子育てって本当に大変だと思います。特に子どもが小さいうちは家でも休む暇すらないですよね。すべてのお父さん、お母さんを尊敬しています。1日24時間ではとても足りません。そこをなんとか乗り越えるために、朝活などを取り入れて時間の使い方を最適化する必要があります。1日10分でも20分でも良いので勉強をする時間を確保してほしいです。

私自身も資産形成の知識を得るために必要な勉強時間を確保することが難しかったです。仕事のお昼時間に勉強したり、お金に詳しい同僚を見つけてよく相談したりすることで解決していきました。

ＦＩＲＥは最終目的ではない。リタイア後の生き方こそ大事

さらに、ＦＩＲＥを目指している人は「達成後にどのように生きるのか」ということも考えておきましょう。私が大事にしていることをお伝えします。

●時間を大切に使う

労働から解放されるので、時間は自由に使うことができます。起きる時間、寝る時間、ご飯を食べる時間、お風呂に入る時間など。一見自由そうに思えますが、自由には責任がつきまといます。ただダラダラと過ごし続けているのでは、時間がもったいないですし、人間としての成長も期待できません。いかに有意義に時間を使うかが大切になっていきます。

● 大事な人のために生きる

働いていると、どうしても仕事を第一優先にしなければならない時があります。私の場合はほとんどそうでした。最も大切な、家族との時間ばかりを犠牲にしていたんです。同じような環境の人も多いかと思います。リタイア後はそのようなことがなくなりますので、大事な人のために生きてほしいです。

● 幸福度が上がる生き方をする。労働からの解放＝幸せになる、わけではない

FIREしたら確実に幸せになれるかというと、そうでもありません。人間は何かしら不安がありますし、心配事だって尽きないからです。そこで大事なのは「自分は何に幸せを感じるか」を知っておくこと。それだけでも幸福度は上がります。そして、自分にとって「幸せを感じる方法」はどんなことかを知っておくことが大事です。

● 社会貢献を意識する

話はやや大きくなりますが、人間は支え合って生きていく生き物です。今まで一度も人に支えられずに生きてきた人間なんていないでしょう。そこで、「社会のために何

ができるか？　何をすべきか？」を真剣に考えて過ごすと、人生に深みが出てくると思います。また、社会貢献をしていくことで幸福度も増していきます。

なぜ、「リタイア後の生き方こそ大事」と言うのか。それは、ＦＩＲＥはゴールであると同時にスタートでもあるからです。人生の第２章の始まりです。充分な時間が確保できるので、第１章ではできなかったことにも挑戦することができます。目標がない人生は楽しくありませんし、挑戦し続ける人生はとても有意義だと思います。どんな目標を持って、何に挑戦するのか？　考えるだけでワクワクしてきます。

ＦＩＲＥを最終目的にしてしまうと、達成後も時間があるのに「やることがない」という状態に陥ります。ＦＩＲＥすることで変わるのは、拘束される時間が大幅に減るということです。それは、使える時間が増えるということに繋がります。ＦＩＲＥを達成したらやることがない、と思ってしまうような状態は避けてください。

ＦＩＲＥは生き方の一つにすぎません。最終目的ではないということに留意し、人生の

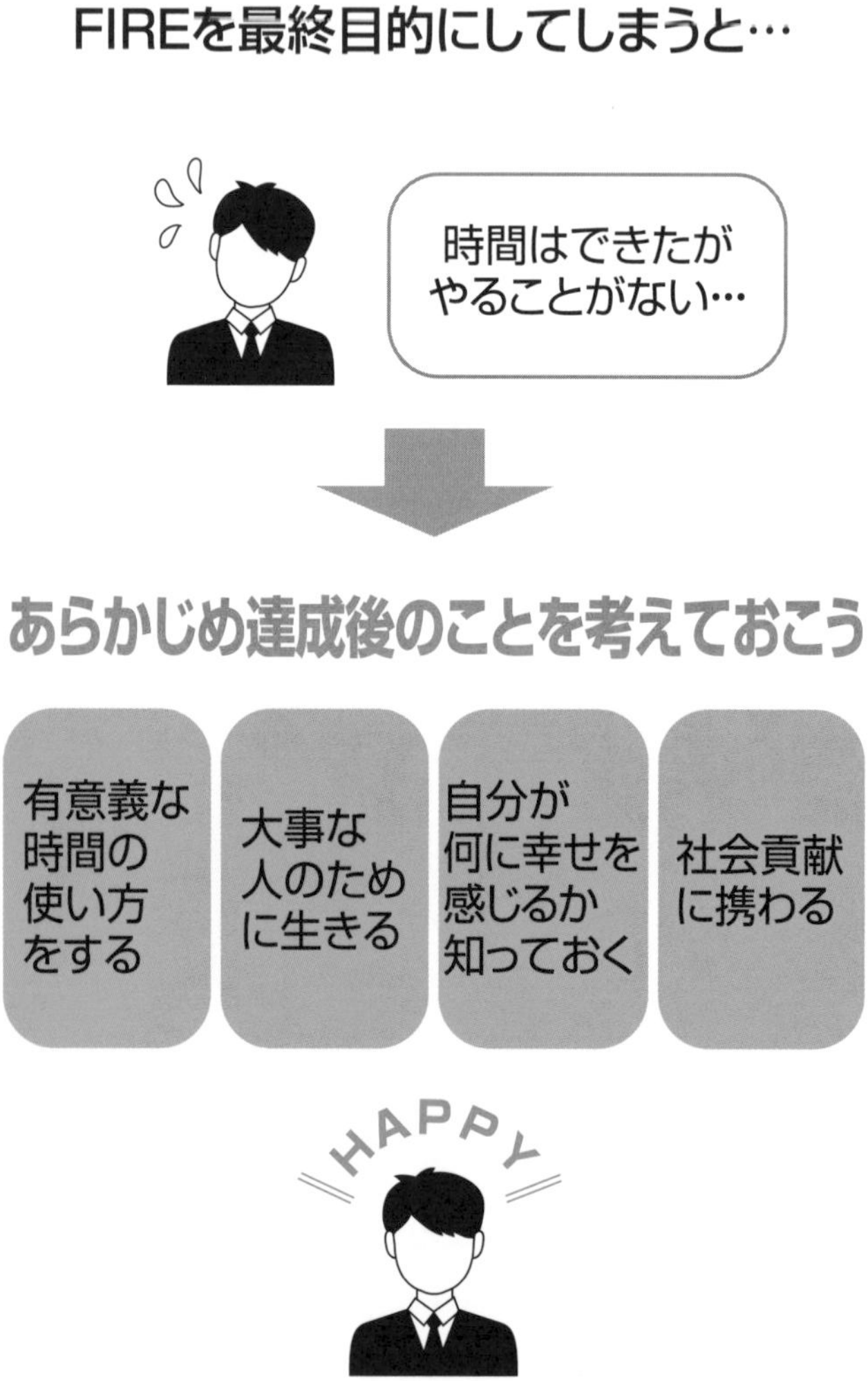
FIREを最終目的にしてしまうと…
時間はできたが
やることがない…
あらかじめ達成後のことを考えておこう
有意義な
時間の
使い方
をする
大事な
人のため
に生きる
自分が
何に幸せを
感じるか
知っておく
社会貢献
に携わる
HAPPY

真の目的を考えましょう。

私の過去は、ストレスに囲まれているような生き方でした。今は、ほとんどのストレスから無縁な状態なので、理想通りの生活を送れていると思います。自分がやるべきことが見え、それに向かって進んでいます。もちろんストレスフリーな状態です。

第6章

どうしても投資へ踏み出せない人へ

手取りの1％から資産運用を始めてみよう

ここで言う1％とは「少額から」という意味です。では、なぜ少額からスタートするのかというと、まずは自分の許容範囲内（＝失敗しても影響がない範囲）でとにかく「投資を体感する」ことが大事だと考えるからです。

「せっかく貯めたお金がなくなったらどうしよう…」と、最初は誰もが投資を始めることに不安を覚えると思います。ですが、始める前にいろいろと勉強してある程度知識を身につけたら、少額でもいいのでまずは実践することが大事だと思います。投資は実体験をしてこそ得られるものが多いと思うからです。実際に経験して感じたことですが、やはり身銭を切った方が真剣になります。

また、始めたばかりの方は、毎月同じ額を自動で積み立てるサービスを利用して定期購入すると良いでしょう。株価などの価格が変動する金融商品は、その値が高いか安いかの見分けが難しく、買い付けの判断に影響するからです。〝積み立て設定をした後は、買い付け日を忘れている〟くらいがちょうど良いと思います。

投資は続けることが重要です。長く続けるためには精神的に安定している必要があります。慣れるまでは少額で構いません。心に余裕を持った状態で投資をしていきましょう。

投資をすることのメリット

それでは、投資をすることによる３つの大きなメリットをご紹介します。

❶ 不労所得が期待できる

投資のメリットは、自分の労働収入以外の収入を期待できることだと思います。自分は遊んでいたり、家事をしたりしている時でも、投資先のお金が働いてくれているイメージです。

❷ 資産形成の選択肢が増える

貯金も投資もそれぞれメリット・デメリットがありますが、資産形成方法に投資を加えることによって選択肢が増えます。もちろん選択肢は多い方が有利です。選択肢を増やすことにより、自分に最も適した資産形成方法を選ぶことができます。

❸ 学歴などに関係なく資産を増やせる

学歴が関係ないこともメリットの一つです。お金の価値は皆平等です。1円の価値は、高学歴の人にもそうでない人にも同じ1円です。資産形成において必要なものは、学歴よりもお金の知識です。高学歴で散財している人よりも、学歴はなくともコツコツ投資を継続している人の方が資産は増えていることでしょう。

　またデメリットについても知っておく必要があります。

投資において「絶対」はありません。なぜなら、誰も未来のことを知ることができないからです。自然災害、紛争、バブル崩壊など避けたくても避けられない事象が起きると、投資対象に影響が出ます。本当に近い未来であればある程度の予想はできるかもしれませんが、数年後の未来は誰にも予想はできないでしょう。ですから、「絶対儲かる投資」はありませんし「絶対損しない投資」もありません。「常にリスクを伴う」というのが投資のデメリットだと思います。

　とはいえ、投資は長期になればなるほどリターンを見込めるのがいい点だと思っています。特に複利の効果を得られる投資は時間を味方につけることが得策なので、少しでも早く始めるべきです。

　ここで、年収が特別高くなくても節約と両立して行うことができる、具体的なおすすめの投資法をご紹介します。

● 100円から投資をスタート

最近は投資がとても身近になり、100円から投資信託に投資できる金融会社もあります。100円であれば、ほとんどの人が投資を始められると思います。今やちょっとした節約一つで投資を始められる環境にあることを知ってもらいたいです。

● 買い物などでゲットしたポイントでできる、ポイント投資が増えている

普段の買い物でゲットしているポイントで投資をすることができるものが増えています。お金を投資に充てることをためらう人は、まずはポイントを使って投資を始めてみてはいかがでしょうか？　ポイントはもともと持っていなかった資産ですし、投資することに抵抗は少ないと思います。

それでも手取りが少ない場合は、「1%ですら運用に回すと生活が厳しくなる」「すぐ使って楽しく暮らしたい」と考える方もいらっしゃるかと思います。その通りで、すべて

において支出を制限して運用に回す方が良いかというと、そうでもありません。価値観は人それぞれです。お金は使わなければ持っている意味がありませんし、有意義に使うことは大切です。ですから、すべての人が絶対に投資を始めなければならないとは思っていません。

ただ知っておいて欲しいことは、お金の使い道に「投資」という選択肢があるということです。とにかく使うのではなく、**複数ある選択肢から「何にお金を使うか」を考えていただきたい**のです。お金の余裕があまりない方でも、使い方をちょっとだけ工夫することで、投資に充てる資金を確保することができるはずです。仕事帰りは疲れていて、外食で済ませたい気持ちになることもあるでしょう。そのような時は、仕事で疲れることをあらかじめ予想しておき、事前に自炊して冷凍保存しておけば外食はしなくて済みます。このような簡単なことから浮いたお金で資金を確保できます。

非常に極端な例を挙げると、「今、楽しければ良い」と思って〝生涯お金に苦労する人生〟を送るか、「将来のために」と思って〝生涯お金に不安のない人生〟を送るかの選択になります。私なら後者を選びます。現実的にはどちらか一方を選ぶのではなくバランスを取っていくことになりますが、自分の将来への責任は「自分の過去の決断」にあると思ってください。

投資リスクが怖くならない思考 〜投資以外にも損失を伴う行動がある〜

投資未経験の方は「投資は怖い」と感じると思います。その主な理由をいくつか挙げ、それを解消する方法をお伝えします。

● 投資が怖い理由：投資に関して知識がないから

投資に限らず知らないもの（こと）に不安を感じるのは当たり前です。学生が社会人になり、会社に就職する時も不安な気持ちになると思います。それは、会社や仕事について知らないことが多いからです。「どんな上司がいるのだろうか？　どんな内容の仕事をするのだろうか？　自分に仕事をやりこなす実力はあるのだろうか？」など〝知らない〟は人間の不安をかき立てるのです。

解消法：

投資において、不安の対象はリスクだと思います。確かに投資にリスクはつきものです。では「リスクとは何か？　どれくらいのリスクがあるのか？　自分はどの程度のリスクまで耐えられるのか？」を知れば、不安は解消できると思います。知識を身につけることで不安はなくなります。

●投資が怖い理由：過去の常識を引きずっているから

そもそも日本は「お金の話をすることはタブー」のような風潮があります。大人は子どもにお金の話をあまりしませんし、子どもはお金について教えられずに育っていきます。お金について積極的に向き合おうとする大人も少ないのではないでしょうか？　投資を避けている印象さえあります。お金のことで困っている大人はたくさんいるのに、過去の常識にとらわれているおかげで、子どもにも同じことをさせようとしています。

解消法：

時代は変わっています。確かに昔は預金の利率が高かったので、資産形成に貯金は有効だったかもしれません。しかし、今は違います。預金の金利よりもインフレ率が高ければ、資産は目減りしていることと同じです。では、お金をどうやって守っていくことがベストな選択肢なのか？　それを考えると、おのずと投資という選択肢が出てきます。親は教えてくれないかもしれません。自ら学んでいきましょう。

損失は、リスクの範囲内で〝ある〟ことは事実です。ただ、過去の値動きを参考にすれば、どの程度のリスクを抱える必要があるかはある程度予測がつきます。リスクが分かれば怖さは軽減されると思います。

本項目のサブタイトルとして「投資以外にも損失を伴う行動がある」と書きましたが、

これは「損失を伴う行為は投資だけではありません。日常の行為と変わりませんよ」という意味です。

生きている限りなんらかの損失とは隣り合わせです。また、お金は働けば取り戻せますが、人間は取り戻せないもっと価値のあるものを持ち合わせています。それは、「健康」「時間」「人間関係」であったりします。本来は、その価値あるものの損失に対して警戒すべきです。そのため、**投資だけが特別に損失を伴う行為ではない**ことを知ってほしいです。

インデックス投資は「のんびり」でOK

インデックス投資とは、投資信託の一種であるインデックスファンドに投資することです。その評価額は、それぞれの〝市場の値動きに連動〟した成果を目指します。ファンド

（投資信託）の種類によって株式、債券、不動産や株式と債券を組み合わせたものなどがあります。「1つのファンドへの投資で、分散投資ができる」こと、「積み立てながら長期投資できる」ことが魅力です。

このインデックス投資のポイントは「のんびり」です。ここで言うのんびりとは〝気持ち〟のことです。それはなぜでしょうか。

長期投資は基本的には、近い将来必要としない余剰資金で長期間にわたって行います。短期トレードのように値動きを小まめに確認したり、実際に売買を頻繁に行ったりする必要もありません。積み立て購入の設定を済ませてしまえば、あとは基本的にすることがありません。答え合わせは数年後なのです。

資産は常に増減を繰り返します。上下しても一喜一憂せずに、気長に過ごしている方が精神的に安定します。長期投資は継続することが何よりも大事なので、途中退場しないためにも安定した精神を保つことはとても大切です。そのため「のんびり」なメンタルは必

インデックス投資はのんびり

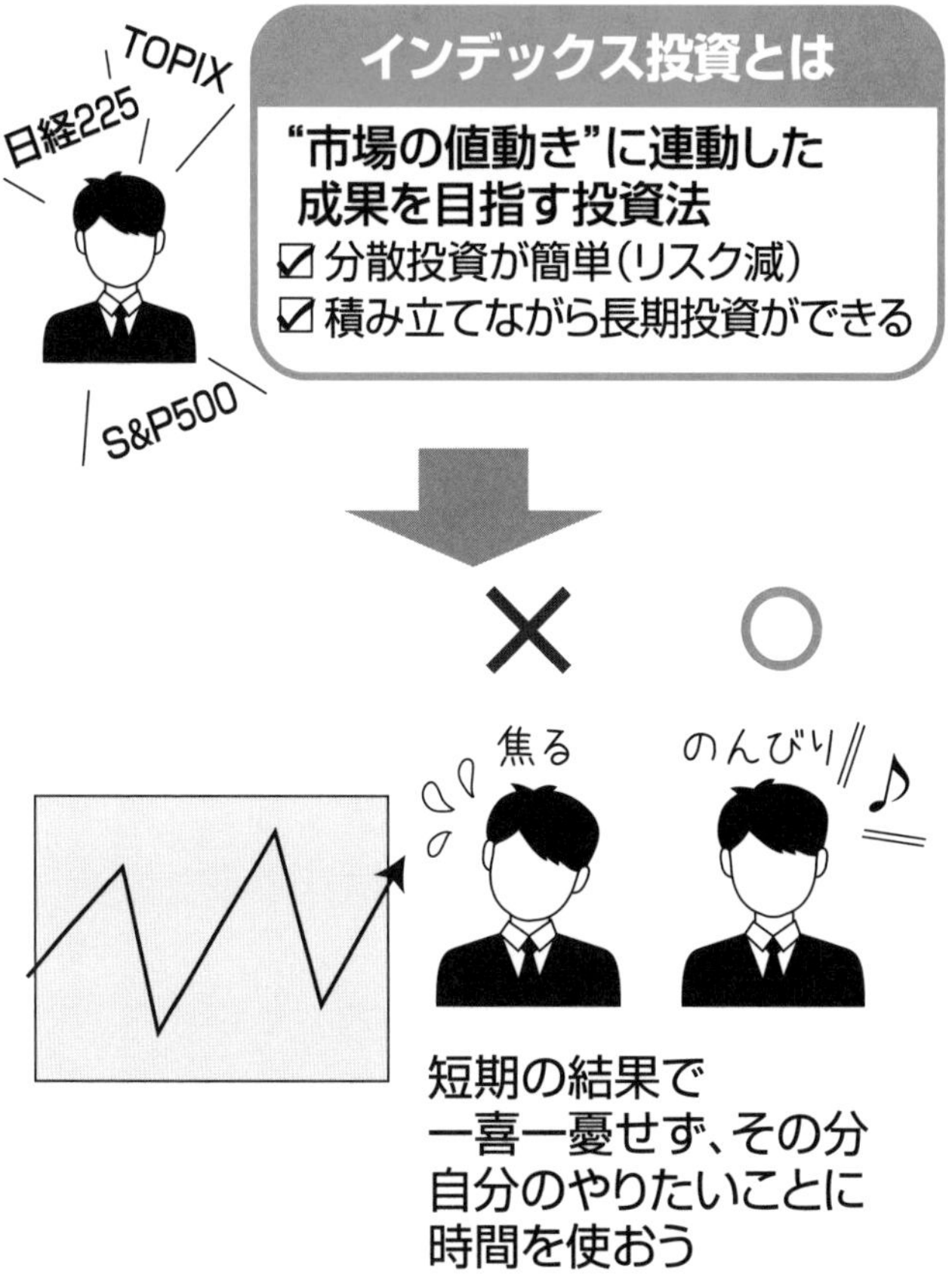
TOPIX
日経225
S&P500
インデックス投資とは
“市場の値動き”に連動した
成果を目指す投資法
☑分散投資が簡単（リスク減）
☑積み立てながら長期投資ができる
×
○
焦る
のんびり
短期の結果で
一喜一憂せず、その分
自分のやりたいことに
時間を使おう

投資の「途中退場」はNG!

要不可欠です。

また、のんびりとは少しニュアンスが違いますが、インデックス投資はよく「暇」だと言われます。しかし、実はそれこそが醍醐味だと思います。「お金の運用は任せ、自分は他のやりたいことをやる」というスタイルで人生を送ることができます。

そんなインデックス投資で気を付けることがあります。それは低コスト商品を選ぶことです。インデックス投資は基本的に1つのファンドに対してすることが多く、途中で何度も乗り換えたりはしません。そのため、必要経費となる購入時手数料や運用管理費用は少しでも安い方がいいでしょう。ちりも積もれば山となるので、最初のファンド選びの際はこの辺を確認する必要があります。

長期投資の魅力は「時間を味方にできる」こと

投資は「ハイリスク・ハイリターン派」か「ローリスク・ローリターン派」に分かれると思います。

私はそのどちらでもない「ローリスク・ハイリターン派」です。そんなことは不可能ではないかと思われる方も多いでしょう。

そのローリスク・ハイリターンの思考をかなえるのが、全世界株式などの低コストなインデックスファンドの長期運用です。

本項目のタイトルにも書きましたが「時間を味方に」することでリスクは分散され、

ローリスクに変わっていくという考え方です。長期運用においては、何よりも入金力がものをいいますが、ドルコスト平均法（価格変動商品に対して、一定金額で定期的に購入する方法）でコツコツ入金する作戦が良いかと思います。

例えば、１００万円を運用する際に一括で購入するのではなく、１００万円分を10カ月かけて10回に分けて購入する要領です。もし、１００万円分を一括購入した後に相場が下落すれば含み損が大きくなりますが、分散購入にしておけば、含み損をその分小さくすることができます。

この方法は資産運用の初心者でもすぐできます。一括投資と分散投資の特性の違いが分かっていれば問題ありません。

これから成長していく分野に投資している限り、短期での損失はあっても長期では利益を生むことを期待できます。時間がない場合だと短期で勝負しなければならないので損失を被る確率が高くなりますが、時間があれば利益を生むまで待つことができます。

また、時間を味方にすると複利の効果も享受できます。よく「雪だるま式」とたとえられたりします。時間軸が長ければ長いほど、その効果は大きくなります。投資する対象が複利の効果を享受できるものであれば、時間を味方につけないのは非常にもったいないです。

人生１００年時代と言われる昨今、何歳から投資を始めても決して遅くはないと思います。将来の資産家を目指してローリスク・ハイリターンのコツコツ投資を始めませんか。

長期投資家のメンタルの保ち方

長期投資のゴールは数年先の話です。人によって違いますが20年、あるいは30年先になることが多いと思います。その間、資産は増えたり減ったりしながら推移します。不安になる時もあると思いますが、「その行程を楽しむ」くらいがちょうど良いです。

行程を楽しむ…そんなメンタルを保つことが難しい時もあると思います。特に投資を始めたての頃は、資産の増減に敏感になりがちです。無理もありません。私も資産額を毎日確認しては「資産が増えた！　減った！」と反応していた時期がありました。お金に対して「損したくない」という心情が表れていたのだと思います。

本来、長期投資は目先の心配をする必要はないはずなのですが、どうしても気になってしまいました。資産の推移を楽しむレベルになるには、やや時間がかかります。その域に達する前に途中退場してしまわないよう、平常心を保つスキルが必要になります。

そのためには「紆余曲折を楽しむつもり」でいましょう。**資産形成に近道はなく、そもそも長い道のりを歩んでいくつもりで臨むのが最適です。**

過去を振り返ってみると、経済は一時的に衰えても最終的には成長を続けています。長い歴史の一部分に今の自分がいることを考えれば、運用成績が思ったようになっていなくても不安はなくなります。コツとしては、「お金は道具」くらいに思っておくことです。命より大切なものではありませんから、一時的に減ったとしても平常心でいられると思います。

また、投資を余剰資金で行うことも大事です。すぐに必要ではないお金で運用すれば、一時的に減ったとしても回復するまで待つことができます。投資はこの「待つ」気持ちが大切です。長期投資をしている人なら誰でも心得ているものだと思います。逆に考えると、心得ていない人は長期投資が続いていない可能性が高いです。

私は「歴史は繰り返す」と考えています。長い投資人生、大暴落を味わうこともあればバブルを味わうこともあるでしょう。平坦な道のりは投資の世界にはないと思っています。

インデックス投資を長期間続けるべき理由

長期インデックス投資のおすすめ理由をまとめると、次の3つになります。

❶ 複利の効果を大きく享受できる

投資の資産額のゴールは人によって違いますが、複利の効果を得られるタイプのファンドで運用すると、時間をかければかけるほど資産の増え方に違いが出てきます。

❷ 長期間にわたり経験と知識が得られ、投資家として成長できる

投資をしていくとさまざまな経験とそれに付随した知識を得ることができます。例えば、バブルなどを経験することによって、そこに至った背景やその後どのような未来に向かっていくのかを学ぶことができます。経験や知識は投資家として資産になりま

す。

③ より安定したリターンが期待できる

短期間の切り抜きでは損失を被ることがあるかもしれませんが、長期になればなるほど安定したリターンを期待することができます。リターンが安定していれば、精神的にも安定して投資をしていくことができます。

なお、収入が増えたら、その増えた分を支出に回す人がいます。そういう人はいつまで経っても資産が増えることはありません。年収1000万円以上の人でも貯金がないというケースをよく耳にします。資産を効率よく増やすことに必要なのは、お金を「守る力」と「増やす力」です。

いったん生活レベルを上げてしまうと、いざという時に元の生活に戻そうと思っても苦労することが多いと思います。それであれば最初からレベルを上げない方が楽だと思いませんか。

長期投資の魅力を知っていただけましたでしょうか。投資を始める時にはぜひ参考にしてください。

資産運用は自分の能力の範囲内で
～目標は入金力を高めること～

「自分の能力の範囲内」とはその人の知識や経験のことです。これから投資を始める人はどちらもゼロに近いと思います。

投資の世界に絶対はありません。始めてすぐに大暴落に出くわしてしまうかもしれません。そのような状況にも耐えながら運用をしていくことになります。投資をすることで徐々に知識と経験が蓄積されていきます。ですから最初は少額から運用して、知識と経験が積み上がるほどに資金を増やしていくと良いです。

充分に慣れてきたら、資産運用では入金力を高めることを目標にしてください。投資の成績は相場に左右されます。例えば１００万円を運用しているとします。追加投資なしで１年後の資産目標を１１０万円に設定した場合、自分の行動で変えられることは何もなく相場にすべてを委ねることになります。

目標を自分の行動以外に設定していると、その結果に対して自分の行動を評価することができません。１年後に90万円になっていたとしても、今後の自分の行動には何も反映できないのです。

そこで目標に掲げるべき項目は、入金力を高めることになります。**入金力は自分の行動に左右される**からです。入金力を上げるため、収入を増やしたり支出を抑えたりする行動をとることができます。

入金力を高めるには、収入と支出の両方からアプローチできます。

収入を多くするためには、仕事で成果を挙げたり副業などで収入源を増やしたりする方法があります。支出を減らすためには、お金の使い方を見直して浪費をゼロにする必要があります。節税も可能な限り取り入れていくのが効果的です。

FIRE達成のために、最初に最低どれくらいの金額から始めたらいいのか知りたい人もいるでしょう。ですが、それは達成するために必要な資産と、達成したい時期によるので一概には言えません。仮にFIRE達成のために1億円を目指すなら、計算上は毎月10万円積立で年利5%運用と仮定しても約33年必要になります。ですから、最初は少額から始めても良いのですが、徐々に入金額を増やしていく必要があります。

初めて投資をされる方であれば、最初から全力投球せずに、まずは慣れることから始めると良いと思います。『手取りの1%から資産運用を始めてみよう』でも触れましたが、当初は運用できる資金の1%から始め、徐々に10%、20%、30%…と増やしていき、最終的には運用できる資金100%を投資に充てるようにしていく要領です。

また、運用資金の増加割合についても、どれくらいのリスクを取ることができるかで人により違いが出てきます。

20代独身会社員であれば、最初から100％まで運用しても良いかもしれません。この1年後に相場が下落して含み損になったとしても、本人が納得できていれば問題ありません。対して30代既婚者・子ども2人であれば、100％の運用をするまではもっと長い期間が必要になるかと思います。パートナーの投資への理解度に左右されるからです。投資にリスクはつきものです。増えることも減ることも想定する必要がありますが、一時的であっても減っている時にパートナーへの説明は果たす必要があります。投資の成績がよくないことが原因で揉め事になるようなことは避けなければなりません。

時間的な分散投資をするメリットは、前述したように投資リスクを時間的尺度で分散できるので精神的に安定しやすいという点です。もし、一括で運用資金をすべて投入して半年後に20％下がっていたとしたら耐えられるでしょうか？　耐えられない人は時間的な分散投資をする方が無難だと思います。投資は相場に居続けることが大事ですから。

資産運用は長期戦
入金力を高めよう

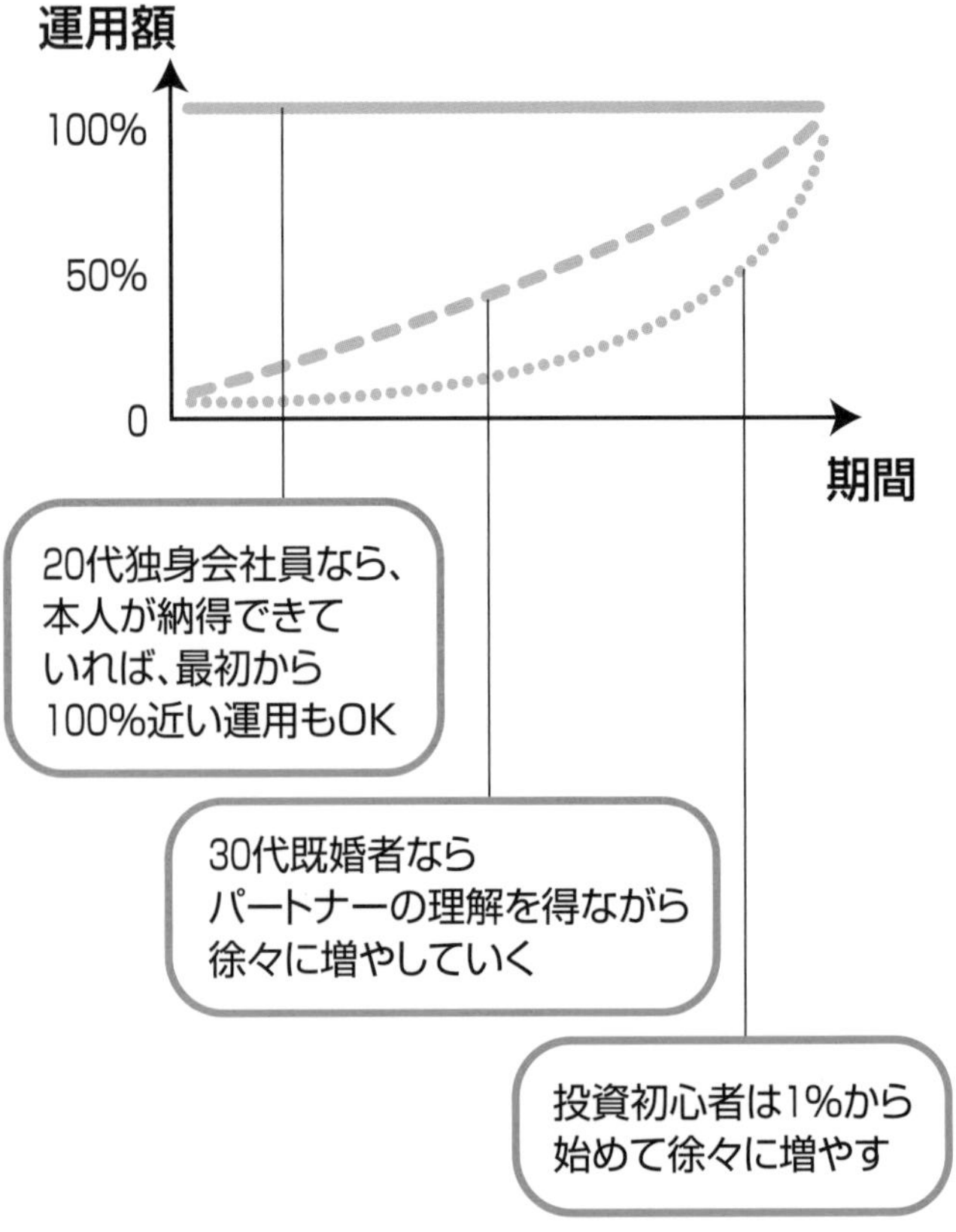
運用額
100%
50%
0
期間
20代独身会社員なら、
本人が納得できて
いれば、最初から
100%近い運用もOK
30代既婚者なら
パートナーの理解を得ながら
徐々に増やしていく
投資初心者は1%から
始めて徐々に増やす

リスクをどれくらい取れるかで
運用額を決める

なかなか資産運用が始められない人は、100円から始めても構わないと思います。なぜなら、資産運用という面では行動が同じだからです。それが100円だろうと100万円だろうと1000万円だろうと。何よりも資産運用を体験することが重要だと思います。

もし、資産運用がまったく自分に合わなかった場合はやめればいいだけです。その際、100円は勉強代と思えばいいのです（実際には100円が0円になる可能性も低いです）。

お弁当代を節約して投資に回すとどうなる？

今まで投資にまつわるお話をしてきましたが、「お金に余裕がなく、投資できない」という人もいるでしょう。そこで、ちょっとのこと、例えばお弁当代を節約して投資に回すとどうなるかを考えてみましょう。

昼食をコンビニやスーパーなどで買うと想定します。お弁当、おにぎり、焼きそば、お好み焼き、サンドウィッチ、パンなどたくさんのおいしい食べ物があります。それらを買うと、一食につき800円程度にはなると思います。よく食べる方であれば、1000円以上かける人もいるでしょう。

お弁当とマイボトルを持参すると、多くても200円ほどで済むと思われます。この差は1日600円です。1週間だと600円×5日で3000円。1カ月だと3000円×4週で約1・2万円。1年だと1・2万円×12カ月で14・4万円の差が生まれます。この14・4万円を投資に回すことが可能になります。

この〝お弁当大作戦〟を22歳から60歳まで続けると、38年間で約550万円。これを投資信託で運用したらどうなるでしょう。38年という長い期間のため、年率5%なら1600万円ほどを得ることも可能になるのです。少しの金額でいいから投資に回すべき、というのはこんな理由からです。

含み損でも、平常心でいられたわけ

「含み損」を簡単に言うと、株式などの時価が購入時の価格より下回っていることです。下回っていても売却をするまで損失は確定していません。

私が含み損でも平常心でいられたのは、あくまで余剰資金で投資していたことと、過去の推移から下がった株価はいつか戻ると信じて疑わなかったことです。

慣れるまでは含み損益にも一喜一憂したり、毎日確認したりする人もいらっしゃるかと思います。私自身もそんな頃はありましたが、下がっている時は世界中の誰もが下がっていると思っていました。世界の名だたる投資家も同じ境遇なのだと思えば、気が楽になります。

暗号資産は「買ったら売らない」

暗号資産とは何か、簡単にご説明します。暗号資産には、ビットコインと、その他複数のアルトコインがあり、インターネット上で取り引きすることができる通貨です。第三者（銀行など）を介さず送金できたり、徐々にではありますがショッピングで決済できたりするところも増えてきています。スマホがあればいつでも利用できるので便利ですが、法定通貨とは異なり価格変動が大きいのが特徴です。

繰り返しますが、暗号資産は価格変動が大きいです。そのことに耐えられずに売ってしまい、「暗号資産は儲からない」と判断して市場から退場する人が多いみたいです。これはもったいないと言わざるを得ません。通貨にもよりますし、絶対というものではありませんが、将来性の高い通貨を保有し続けることで、一時的には下がってもそれ以上に上がることを期待できます。

最近は少なくなってきましたが、数年前までは1日で10％以上も価格が変動することが日常茶飯事でした。ハイリスク・ハイリターンの代表的なものに株式がありますが、それを超えるものがあるのだなと驚きました。

コロナショック後はビットコインが40万円ほどまで価格が下がりましたが、その後は750万円ほどになるまで上昇しています。2022年は低下を続け300万円を切っている時期もありました。暗号資産はまるでジェットコースターのようです。

ビットコインには〝半減期〟というものがあり、今までおおむね4年の周期で訪れています。そして、その半減期を過ぎるとビットコインの価格は上昇すると考えられています。この周期がこれからも繰り返されると仮定すれば、一時的に含み損があったとしても、次もしくはその次の半減期まで待てば価格が回復し、それ以上の上昇を期待することができます。さらに価格の上昇を望むのであれば、それ以降の半減期まで待つ選択肢もあります。

今はビットコインの影響を他のアルトコインも受ける傾向にあるので、暗号資産市場全体が似たような雰囲気になっています。暗号資産の種類は数千あると言われています。すべての通貨が生き残ることは考えにくいでしょう。短期的に高騰する通貨はあっても、長期的に上昇する通貨はごく一部に限られていくと思います。

ちなみに、私の暗号資産投資は波乱万丈な道のりでした。一時は保有資産が半分程度までになったこともあります。それでも、将来性を信じて待ち続けていると市場が回復、私の資産も復活しました。精神的なダメージが大きい時は、私のＴｗｉｔｔｅｒのフォロワー同士でよく励まし合ったものです。

暗号資産に精神力を鍛えられたおかげで、株式の価格変動ではびくともしなくなりました。暗号資産は歴史が浅く、投資の世界において絶対はありません。今後どのような方向に進むのか、誰にも分からない部分はあると思います。そのあたりにも魅力を感じていま す。

私自身は、ビットコインはニュースなどで知っていて興味は持っていましたが、知識が少なく不安で購入をためらっていた時期がありました。ある時、すでに持っている友人のアドバイスで不安が解消され購入を始めました。口に出さないだけで暗号資産を持ってい る人は意外と身近にいたりします。聞いてみれば不安が解消されるかもしれません。

投資は皆平等

投資の運用成績に学歴や身分などは関係なく、長期投資に必要な時間も皆平等に与えられています。


私の中で投資に絶対必要なものがあります。それは、気合と根性です。

圧倒的な節約をするための、気合と根性。

長期投資をするための、気合と根性。

一時的な損失を伴っても、将来的には利益を得られるという考えを持てる、気合と根性。

周りに流されない、気合と根性。

相場を冷静に俯瞰できる、気合と根性。

投資に学歴は必要ありません。

必要なのは、気合と根性です(笑)。


冗談はさておき、インターネットが普及した現代は、市場に参加するチャンスは誰にでもあります。スマホがあれば投資ができる、とても便利な時代だと思います。投資は特別な人だけができるというものではありません。

「お金はお金に稼がせる」。この権利は誰もが持っています。

そして、いざ投資を始めるぞ！と思った方は、どれくらいリスクを取れるか？どれくらいのリターンを求めるか？によって投資先を選びましょう。インデックス投資であれば、ＮＩＳＡ制度を利用して非課税枠が活用でき、かつ低コストなファンドが良いですね。

私自身は、個別株の売買で利益を求めたことがありましたが、チャートを見る時間が必要となりますし、常に売買のことを考えて投資が頭から離れないような状態になったのでやめました。趣味程度に売買をする分には良いと思いますが、長期の資産運用としては自分には向いていませんでした。

第7章

お金をかけなくても
うまくいく「子育て」

お金がかからない子育ての方法とは

子育てにお金をかけることで満足してしまい、本当はとても大切である「子どもと対話すること」をしていない家族を複数見ていて思いました。子どもにかけるべきものは何か？　本当に必要なものは愛情であって、お金ではないですよね。

とはいえ、すべてにおいて支出を抑えるというわけではありません。子どもがやりたいと思う所には、親は存分に支援してもいいと思っています。大切なことは「**親の自己満足で子育てを終わらせないこと**」です。

子どもが幼児期の頃には、私も英語の知育教材などにお金をかけたことがあります。しかし本人が興味を持たなかったので、我が家の場合はあまり効果がなかったようです。この経験から、子どもの興味関心がないものを親がよかれと思って勧めても意味がないことに気づきました。

子どもは興味があったり必要性を感じたりすると猛烈に取り組みます。それまで待つ方が良いこともあると分かりました。そんな経緯も踏まえ、我が家がどのようにしてお金をかけない子育ての工夫をしているのかを、項目別に挙げてみます。

●教育費…習慣付けを意識

小さい頃から読書習慣を、小学生になってからは勉強習慣を身につけさせました。習慣化することで勉強に対して抵抗がなく、成長してからも自ら取り組むようになったので、「勉強させるために塾に行かせる」という必要がありません。

また、勉強はある程度のことなら親が教えられます。勉強を見てあげると子どもとコミュニケーションが取れますし、教えることで親の脳も活性化するので一石二鳥です。

● レジャー費…旅行は閑散期に、ゼロ円レジャーもフル活用

子どもが増えて家族が多くなると、レジャーや旅行にかかる費用はそれだけ膨らみます。そこで我が家では、旅行は閑散期に行くことに決めています。繁忙期から1週間でも時期をずらすだけで驚くほど変わります。

子どもが小さいうちはゼロ円レジャーでも充分楽しめます。遊園地などの有料施設を利用しなくても、自然豊かな公園や山に行くだけで子どもにとっては良い環境下で過ごせることになります。子どもには人工的な環境よりも、自然の環境の方が適していたりしますから。

ちなみに、以前子どもを動物園に連れて行った際「一番楽しかったのは何?」と聞くと、「シーソー」と言われたことがあります。確かにシーソーはありましたが、せめて動物の名前を言ってほしかったですね(笑)。

● 被服費…おさがりを有効活用、勝負服は1シーズンに1着ルール

子ども服は成長に伴いすぐにサイズアウトしてしまいます。しかも、大人服顔負けの値段になっているものも少なくありません。ですから、友達や親戚からおさがりを譲り受けていました。ただ、「子どものかわいい時期は今しかないから、おしゃれな服を着せてあげたい」という気持ちもあることは確かです。

そこで、我が家では「勝負服は1シーズンに1着」という基準を設けて服を買っていました。また、おさがりは恥ずかしいと思っている方にアドバイスですが、環境面に配慮していると思えば物を大事に使うことは恥ずかしいことではありませんよ。

●おやつ代…おやつとジュースは最小限に

大人も好きですが、子どもはおやつとジュースがもっと好きです。一つ一つはそこまで高くありませんが、ちりも積もれば山となります。どこかに基準を決めないと際限がなくなります。また、お金がかかる割に栄養面は期待できないものが多く、虫歯の原因にもなりやすいです。何かルールを設けた方が良いと思い、1日に食べて良いおやつの量を摂取カロリーで、食べる回数も1日1回に決めました。この基準を設けることで費用を抑えています。

子どもにもマネーリテラシーを教えよう

私は結婚してから本格的にお金の知識を身につけてきたのですが、「もっと早く知りたかった！」という思いが強くあります。早く知っていれば、お金に関して不安に思うことも少なかったでしょうし、もっと楽に資産形成ができていたと思います。子どもには「私と同じ道は歩んでほしくない」と思ったこともあり、小さい頃からお金の知識を学ばせることが必要だと考えました。

お金の使い方をマネーリテラシーを高めることと考えれば、小学生から教え始めるのが良いのではないでしょうか。「毎月〇円もらえるから、年間だと〇円になる。どれくらいお金を使い、いくら残しておきたいのか？」など、大人になっても基本的にやることは変わりませんし、その思考を習慣化させることが大事です。

マネーリテラシーを高めることにより、計画的にお金を使っていくことができるようになります。また、お金を運用することの必要性やお金を守ることの重要性を理解することで、効率的に資産形成できるようになります。その知識やイメージを社会人になる前に持っておくと、お金に困る可能性は低くなっていきます。

では、どんな内容を教えると良いでしょうか。年代別で紹介します。

● 小学生はお金の使い方

月々のお小遣いを計画的に使うことで、実体験をもとに学んでいきましょう。ここで大事なのは、将来的な見通しを持ってお金を使っていくことです。

● 中学生はお金の基礎知識

そもそもお金って何なのか？　円安・円高、世界経済との関係などについて、少しずつ知識を身につけていきましょう。

● 高校生はお金の増やし方・守り方

投資にはどのような種類があるか？　節約とはどのようなものがあるか？　税金の基本的な仕組みなどについて知識を深めていきましょう。また、「お金を運用すると実際どうなるのか？」をシミュレーションしながら教えていくと良いでしょう。

子どもが大きくなってからも、結婚、出産、家や車の購入などさまざまなライフイベントの際に援助している親は多いと思います。子どものマネーリテラシーが高くて、お金との付き合い方が上手だと、そのような時にお金の援助をする必要がなくなります。

子どもにマネーリテラシーを身につけさせることは、「お金がかからない子育て」に直接繋がるわけではありません。ただ、「**お金に苦労する人生を送ってほしくない**」という親の願いは込められています。

マネーリテラシーは必修科目

小学生

お金の使い方

- ●お小遣いを計画的に使う
- ●将来的な見通しを持つ

↓

中学生

お金の基礎知識

- ●お金って何?
- ●円安・円高、世界経済との関わり

↓

高校生

お金の増やし方・守り方

- ●投資と節約の種類を知る
- ●資産運用のシミュレーション

↓

お金に困らない大人になる

親のお金の使い方が子どもに伝染する

私自身、お金の使い方が親から伝染していたと感じています。親が浪費家で、私も結婚前は浪費家でした。

過去の私は、お金はあればあるだけ使っていましたし、そのことに疑問も持ちませんでした。そのようなお金の使い方しか知らなかったのです。なぜか？　それは浪費家である親のお金の使い方を、知らず知らずのうちに当たり前だと思っていたからです。

対して、私の妻は倹約家です。妻の親は、お金を適切に管理して計画的に使っていたそうで、そのお金の使い方を学んでいたようです。妻も親のお金の使い方に疑問を持つことはありませんでした。

他から知識を得られない環境にあれば、子どものお金に対する考え方は親の考え方をそのまま受け継ぐと思います。「親のお金の使い方が子どもに伝染する」。子どもにお金に困らない人生を送ってもらいたいので、親が良いお金の使い方を子どもに見せることは大切だと思っています。

親のお金の使い方として、良い例と悪い例を挙げてみます。

良い使い方

- 先取り貯蓄などお金が貯まるシステムを自分で作っている
- 計画的にお金を使えるように管理していて将来を見据えている
- 欲に負けず自分に厳しく、一時の感情に左右されない

悪い使い方

- 無計画で、あればあるだけ使ってしまう

●「期間限定」「新商品」「数量限定」などのワードに弱く、なんでも欲しくなって買ってしまう

●自分の価値観が確立されていないので、他人が持っているものが欲しくなりついつい買ってしまう

悪い使い方にならないよう普段から気を付けたいのが、「勢いで買い物をしない」ことです。もともと欲しいと思っていなかったのに、「勢いや思いつき」でものを買おうとしている時は、1日経ってから買うように子どもにアドバイスしています。売る側は販売のプロです。あの手この手で消費者の購買意欲をかき立ててきます。そこを冷静に判断できるようになると、**販売のプロに負けない「消費のプロ」になる**ことができます。

子どもの自己肯定感を高めよう

子育てにおいて、子どもの自己肯定感を高める大切さも感じています。自己肯定感の高い子は、さまざまなことに挑戦する意欲を持っています。失敗を恐れず挑戦する気持ちがあるので成長が早く、またあきらめずに挑戦することで忍耐力もつきます。さらに、自己肯定感が高まると自信がつき、自分のことが好きになります。そして、自分を大事にします。すると、他人も大事にすることができるようになります。

子どもの自己肯定感を高めるために、私はまず子どものことを「よく見る」ようにしています。**子どもは親に見られていることを認識することによって、自分の存在価値を確認して自信を持つようになる**と考えているからです。

小さい子どもはよく、自分が滑り台などで遊んでいる姿を「見て、見てー!」と親に言ってきますよね。そんな時、親はスマホなどを見ていないで子どもをちゃんと見てあげなければいけません。子どもは遊んでいる姿を見てもらえると、見守られ愛されていると感じます。やがて、それが自己肯定感を高めることに繋がっていくと思っています。

自己肯定感は数値で測ることはできませんが、子どもの成長をよく見ていることでその度合いが分かります。

自己肯定感が高い子どもは失敗を恐れず挑戦をするし、たとえ失敗しても立ち直ってまた挑戦するようになります。この正のスパイラルは勉強や運動、趣味にも良い効果をもたらします。そして、自分に自信があると他からの支えがなくても失敗を恐れず難関に挑戦することができるようになります。もし、壁にぶち当たってもそれを克服し、前に進み続けます。まさに無敵状態です。

さらに、**自己肯定感が高いと、勉強でも運動でも自然と目標が高くなる傾向にある**と思います。しかも、1人で問題を解決する能力が高くなります。

子育てをしていく上で、お金の面で心配なものはやはり、教育費になると思います。自己肯定感が高いと、コツコツと努力することを惜しみませんし、自分で目標を随時高く設定していきます。塾などに頼らなくても自ら勉強するようになり、問題を解決していく能力が身についていきますので、結果的に教育費を最小限に抑えることができるようになるでしょう。

「勉強は教えてもらうもの」からの脱却

子どもたちには、「自ら勉強する」という意識を持ってもらっています。

私は小学生の頃から塾に通っていた経験があるのですが、当時は人から教えてもらうことが当たり前になっていました。いつしか勉強は受け身になっていて、積極的に勉強をするという考えもなく、勉強はやらされている状態になっていました。そうなると勉強をする意味や目的を考えることもありません。しかも、受け身になると時間の使い方もルーズになってしまいがちです。

学校の成績もイマイチだったので、中学生の時に思い切って塾を辞めたことがありました。一大決心です。その代わりに、今までよりも成績を上げるという条件で。

昔はインターネットもなかった時代ですので、頼りは学校の授業と教科書・参考書のみです。すべて自分で勉強する必要がありましたが、自分の力で成績を上げるという強い意志を持っていたおかげで、本当に成績を上げることに成功しました。

「自ら勉強する」意識を持つためには、環境作りが必要不可欠だと思います。過去の私のように必要性に迫られるやり方もありますが、できれば子どもから自発的に意識を持ってほしいものです。やはり、小さい頃から勉強習慣を身につけ、勉強は1人でもできるものだという考え方にさせる方が良いと思います。ちなみに我が家の子は、小学1年生の頃から「学校に行く前」と「学校から帰ってきてすぐ」に勉強をする習慣が身についています。

自ら勉強する意識を持つことは、次のように良い結果を生みます。

● 大人になっても学び続ける意識が持てる

学生の頃はよく勉強していたのに、大人になると勉強しない人がほとんどのような気がします。学ぶ分野は違っても、大人も何かを学び続ける必要があると私は思っています。自ら勉強する癖が付いていると、これが可能になり大人になってからも学び続けることができます。

● 知識が多く身につく

誰かに教えてもらうより、同じ勉強でも時間効率が良くなります。それは、受動的ではなく能動的だからです。さらに、自ら勉強しているとより深く知りたいと思うようになり、知識が多く身につきます。

●無駄なく学べる

人から教えてもらうよりも、自分で参考書などを読んで理解した方が早いこともあります。例えば、教える側は学生の理解度を100%認識しているわけではないので、すでに理解していることも含めて説明することがあります。すでに知っていることを重複して説明されるのは無駄ですが、個人で勉強する際は理解済みの部分を飛ばして学べるので、このような無駄は生まれません。

本が好きな子どもに育てよう

子どもの頃から本好きになると、どんな良いことがあるのでしょうか。

まず、小さい頃から言葉が身近になるので、文章を読むことに抵抗がなくなります。勉強はどの教科も「読む」ことから始まるので、それが苦手だと初めからつまずきます。私は小さい頃は読書が大嫌いでしたので、教科書を読むこと自体好きではありませんでした。勉強嫌いになる理由の一つだと思います。**本を読むことによって読解力が伸びるという点も、勉強をする上で重要**だと思います。読解力がつくと理解も速くなるので、同じ時間を費やしても吸収量が違います。

さらに、読書を通じてさまざまなことに興味が湧くと思います。本（絵本含む）から子どもの世界は広がっていきます。物語を読むことで想像力が鍛えられ、図鑑を見ることでその分野の知識が大人にも勝る場合もあることでしょう。子どもにこそ本が必要だと思います。今はインターネットでなんでも調べられる時代ですが、断片的なものが多いです。つぎはぎだらけの知識で終わってしまう可能性がありますが、本は体系的に知識を得ることができます。

我が家は、子どもが本を好きになるように、0歳から絵本の読み聞かせをしていました。子どもの成長に応じて読む絵本も変えていき、とにかくたくさん読み聞かせしました。そのうち子どもが絵本の内容を覚えて、ページをめくると勝手に文章を音読するようになりました（もちろんまだ字は読めません）。子どもが自分で読んでほしい絵本を持ってくるようになったら、親の勝ちだと思っています。

今は毎週、図書館に通うようにして、親も子も自分の読みたい本を借りています。たまに子どもに「この本おもしろそうじゃない？」とすすめることもあります。また、子どもと同じ本を読んで内容について話し合うなど、本を通じてコミュニケーションをとることもできています。

家のリビングにも本棚を置き、本が生活の一部になるようにしています。常に手に届くところに本があるので隙間時間に読書することも可能です。読書はマンガでも良いと思っています。マンガから得るものも多いですし、マンガを禁止にすることで読書嫌いになってしまっては逆効果と考えています。

「テレビは1日1時間」の効用

テレビを見る時間を1日1時間と時間制限を設けることで、子どもが時間の使い方を意識できるようになります。60分という枠組みの中で、「何を何分見るか」という計画を立てたり、見る番組の優先順位をつけたりするようになるのです。

この「計画を立てる」という考え方は、勉強にも仕事にも共通します。これを小学校に入学する前から行っているので、時間の使い方が上手になっていると思います。また、たいして見たくもない番組をダラダラと見て、時間を浪費することを防ぐことができます。子ども自身も制限がないとダラダラ見てしまい、時間を無駄にする恐れがあることをよく自覚しています。他には、2倍速で見る技を小さい頃から身につけられるようになります(笑)。基本的に録画したものを見ているので、CMなどはほぼ飛ばして見ています。

ですが、見る時間帯やチャンネルは制限していません。ただし、小学生までは夜遅くに見ることはさせないようにしています。中学生くらいになると1日の過ごし方を組み立てられるようになるので、本人に任せています。時間制限をしているのは娯楽として見る場合のみです。調べものや勉強でＹｏｕＴｕｂｅを見る場合などは例外としています。

決まりを作っても、子どもたちがそのルールを拒否する、または守らない場合もあるかと思います。これはテレビに限った話ではありませんが、そんな場合は時間を無駄にすることのデメリットを説明すると良いでしょう。守らない場合はその理由を聞き、本人が納得するまで伝え続ける必要があると思います。

守らなかった時に罰を与えるようなことはしない方が良いです。ルールを守る理由が、「罰を受けたくないから」になってしまうからです。子どもが時間の大切さを自ら理解し、時間を大事に使うこと、時間の使い方を組み立てられるようにさせることが重要です。

子ども3人をリレーの選手にするためにやったこと

ここで言う「リレー」とは、小学校の運動会で毎年行われている、学年で足の速い子どもを選抜して行う競技のことです。私の子どもは3人とも選手に選ばれました。

我が家のある日のできごとです。子どもが運動会のリレーの選手になれなくて、泣いて帰ってきたことがありました。本人は相当悔しかったのでしょう。それから1年間、リレーの選手に選ばれることを目標にして親子で頑張りました。走る時のフォーム、スタートの仕方、練習方法などを一緒に学んで取り組みました。

努力の成果が実り、翌年の運動会では見事リレーの選手に選ばれました。本人はとても喜んでいました。もちろん結果もですが、そこに至るまでの過程をよりたくさんほめました。その経験を積んでから、子どもは何事にも挑戦するようになり、失敗しても心の切り替えが上手くなるなど、人として成長を感じられるようになりました。

リレーの選手は子どもが掲げた目標でした。一番上の子がリレーの選手に選ばれていたので、下の子2人がライバル視したこともあると思います。目標を高く持つことは親としてもうれしいですね。ちなみに私も妻もリレーの選手に選ばれたことは一度もありません。遺伝で足が速いのではなく、努力で速くなったのだと認識しています。

リレーは1つの例ですが、自分で目標を掲げて、努力をして結果に結びつける一連の過程に意味があると思っています。また、目標に向かって努力することは大事ですが、親と一緒に取り組むことも大事なことだと思います。子どもとしては、親が自分のことを応援してくれていることが分かると安心感が醸成されますし、一緒になって取り組むことで親子の良い思い出にもなります。

「家のこと」をすることで、勉強に必要な考え方が身につく

「家のこと」とは、食器並べ、洗濯物を干す・たたむ、ゴミ捨て、掃除などが主な内容です。家のことを子どもたちにもしてもらうために、特に声がけに気を付けていました。「一緒にやるよ」と言って一緒に家のことをしたり、終わったあとは「一緒にやってくれたから早く終わった」とお礼を伝えたりしていました。

この時一方的に子どもに「家のこと」を押し付けるようなことはせず、必ず親が一緒に行い、子どもの成長を見守るように意識していました。

一緒に住んでいるのであれば、子どもでもできることはやって良いと思っています。親がやっている家のことの大変さを理解することも大事なことです。他には、生活力が高く

なり自分のことを自分でできるようになるので、親が体調不良などで寝込んでいても心配ありません。そのような時はとても頼もしく感じられますね。

また、家のことをしていると周りの人がやっていることを見るようになり、さらには自分が何をすべきかを考えられるようになります。これは、自分の置かれた**「状況を認識する力」**と**「行動に反映させる力」**が身についた結果だと思います。勉強では自分の理解力を認識し、目標に向けて何をすれば良いかを考えることに繋がります。この力は社会に出る前に身につけさせておきたい能力でもあります。

行動をほめて伸ばす

私がほめる時は、家のことで何かをした時に「よく気づいたね」「助かったよ」とお礼を言い、行動一つ一つを評価するようにしていました。

子どもが何か行動をした時に、「何を考えて行動に移したか」を想像するようにします。恐らく「誰かのためにしてあげよう！」とか「これに挑戦してみたい！」という気持ちが多いと思います。その気持ちを汲み取ってほめるようにすると良いと思います。

また、私は結果までの過程をよくほめるようにしています。例えば子どもがテストで良い点を取ったとしましょう。「テストで１００点取ったんだね！　すごいね！」ではなく、「テストで１００点取ったんだね！　テストまで自分で計画的に勉強していたもんね！　頑張った成果が出たね！」と。

結果ではなくそれまでの過程に重点を置くようにしてほめると、結果が出るまでの過程が重要だということを認識するようになります。また、努力に見合った結果が出ることで自信にも繋がり、これを繰り返し体験することで自己肯定感も高まっていきます。

子ども達もほめられるとうれしいので、またするようになりますし、「親は自分の行動を見てくれている」と思うので信頼関係が深まります。非常に良いスパイラルに入ると思います。これは子育て中の方におすすめです。もし、親子の間に信頼関係が構築されていなければ、子どもは親の言い分をなかなか聞き入れてくれません。これは親子に限らず、職場の上司・部下の関係にも言えることです。

通信教育の選び方＝小さい頃のおもちゃは通信教育の教材が最適

ここで言う「小さい頃」とは、1歳くらいから小学校入学前くらいまでです。

我が家では、1番上の子は教材が多彩な通信教育を選び、2番目の子からはおさがりを使ってもらっていました（教材が多い通信教育は金額が高めなものが多いので）。また、2番目の子からは教材が少なめでリーズナブルな通信教育を選んで利用していました。

おもちゃになる教材とは、積み木、ブロック、お買い物ごっこ遊び、動物の鳴き声を覚える教材、パズルなどさまざまあります。教材は子どもの知的好奇心をかき立てるものが多いです。

教材といっても子どもが遊びながら学べるように工夫されているため、おもちゃと同様の効果があります。子どもは成長を続けていきますが、親は年齢に適したおもちゃを継続的に用意することは大変ですよね。その点、通信教育だと年齢に適した教材が定期的に送られてくるので、探す手間が省けて親の負担が減ります。しかも、長年考えつくされた教材が多いのでハズレも少ないと思います。そこが良い点です。

第8章

FIRE後に感じたメリット

「嫌なら辞める」という選択肢を持つ
〜FIREという生き方〜

「仕事が嫌になったら辞められる」。そんな選択肢を持てるのがFIREのメリットの一つです。ご存じの通り、働いている人はたくさんの我慢を抱えています。ある程度のことであればしょうがないかもしれませんが、過剰なストレスにさらされたり、体を壊したりしてまで働く必要はあるのでしょうか？　経験上、そんな仕事は避けた方がいいと思います。世の中は理不尽なことであふれています。**「耐えられなくなったら辞める」という選択肢があることで救われることもあります。**

辞めるという選択肢がない場合は、その環境下で永久に我慢しなければなりません。私は働きすぎて体と心を壊したことがあるのですが、今思うとなぜそこまでしなければならなかったのかと思います。当時は、ただただ耐えるしかありませんでした。辞めることを思い浮かべることができれば、必要のない苦痛や経験はしなくてもよかったはずです。

もちろんＦＩＲＥ生活をしてみて自分に合わないと思ったら、また働き始めても良いと思います。そのような人がいることも耳にします。道に迷いながらも自分のライフスタイルを確立していけば良いでしょう。それも人生です。

最後に「ＦＩＲＥという生き方」のメリットをまとめてみます。

❶ ストレスが激減

ストレスを感じるのは特に仕事の場面が多いと思いますが、そこから解放されます。働いていると人間関係、ノルマ、残業、ハラスメントなどたくさんのストレス環境下に身を置くことになります。ＦＩＲＥすると仕事で嫌な人と付き合う必要がありませんし、ノルマも残業もハラスメントもありません。不必要なストレスと距離を置くことができます。

② 健康をコントロールできる

デスクワークが多いと腰や目に負担がかかります。体を使った仕事であれば疲労による怪我と隣り合わせです。また仕事柄、会食の多い人は栄養バランスが崩れる可能性が高いですし、睡眠時間も短くなってしまいがちです。長く続くと、病気を患ってしまう恐れすらあります。FIRE生活はそのような無理をしなくて済みますし、健康を自らコントロールすることができます。

③ 自己投資に充てる時間が増える

労働に使う時間は1日8時間、1週間で40時間、1年で240日働くとすると1920時間、通勤の時間も合わせるともっと時間を費やすことになります。FIRE後は今まで労働に充てていた時間を、他のことに使うことができます。例えば何か1つのことを極めようと思えば、1年で1920時間以上の時間を確保できるので、自己投資などに充てることができます。それだけの時間があれば、何かを極めることも不可能ではないでしょう。

④ 自由に行動できる

働いていると長期休暇が取りにくいと思います。有給休暇をとっても、何か理由がないと後ろめたささえ感じてしまう職場もあるでしょう。また、テレワークが普及しているとはいえ、住む場所は職場に通えるところに限定されてしまうのがほとんどです。ＦＩＲＥ生活をしていると休暇という概念もないですし、好きな場所に住むこともできます。最近注目を浴びている二拠点生活も可能です。

⑤ チャンスやピンチに気づくことができる

働いていると勤務時間中は仕事に集中しなければなりませんし、休日も仕事が頭から離れないこともあるかと思います。まさに頭が仕事に占有されている状態です。そのような状態になると自分に入ってくる情報が極度に減少します。そして、チャンスやピンチが近くにあっても気づくことができなくなってしまいます。しかし、精神的にも肉体的にも余裕があると、情報を自ら取りにいけるようになります。能動的になることでそれらの存在に気づくことができ、それに応じた必要な行動を取ることができるようになります。

休みの日に仕事のことなんて考えなくていい

私の場合、仕事がかなりストレスになっていたと思います。365日、仕事のために脳が休んでいなかったわけですから。休みの日に家族で出かけている時も、お風呂に入っている時も、ご飯を食べている時も仕事のことを考えていることがありました。さらに夢に出てくることさえありました。仕事のプレッシャーというものに洗脳されていたのかもしれませんね。

FIREを達成した時は、「もう仕事のことを考える必要はない」という安心感がありました。呪縛から解放された感じです。それから仕事のことを思い出すこともほとんどなくなり、その代わりに自分に有益なことを考える時間が増えました。

仕事を辞めるまでは旧態依然の働き方などに不満を持ち強いストレスを感じていましたが、そのストレスから解放されたことで気持ちがとても軽くなりました。「この感覚は何年ぶりだろう？」と思ったほどです。それまではマイナス思考になったり怒りっぽくなったりしていましたが、ストレスがなくなったことで思考に余裕ができ、嫌なことがあってもポジティブに考えられるようになりました。

睡眠確保、血圧低下で健康的に

勤めていた頃の私は、仕事で帰りが遅くなったり、ストレス発散のため深酒をしたりして、睡眠不足になることが結構ありました。血圧はやや高めでしたが、仕事を辞めてからは健康的な血圧に戻りました。ストレスの影響で自律神経が乱れていたのだと思います。

仕事を辞めたことで睡眠も確保できるようになりました。規則正しい生活を送り精神的にも安定できたことで、健康を取り戻すことができたのだと思います。

体調がよくなったことで、家族からは表情が柔らかくなったと言われます。気づかないうちに顔からSOS信号を発信していたのかもしれません。今は睡眠不足になることもありませんし、毎日を全力で過ごすことができています。子どもの頃は毎日全力で過ごしていたことを思い出しました。あの頃に戻ったようです。

付き合いの飲み会とさようなら

「付き合いの飲み会」というのは、職場の宴会のことです。歓迎会、忘年会、新年会、慰労会など趣旨はそれぞれあると思いますが、結局ただお酒を飲んでいるだけのことがほとんどです。

付き合いの飲み会が「よくない」理由は、目的なしにただお酒を飲んでいるだけの生産性のない行動だからです。勤めていた時には、それらの付き合いの飲み会はよくありました。でも、職場の人と仕事の話を宴席でして何がおもしろいのか、と。仕事の話は仕事中に終わらせてほしかったです。有益な内容の会話であれば納得もいくのですがそんなこともなく、挙句の果てには部下や後輩に説教する人もいました。しかも、たちが悪いことに2次会、3次会が設定されていることもあります。出席しないと「付き合いが悪い」と思われるので、本当に嫌気がさしました。

付き合いの飲み会が「よくない」もう一つの理由は、参加者の有益な時間を奪ってしまうことだと思います。時間は有限でとても大切なことは分かっているはずなのに、宴席になるとその意識が薄れてしまうことは問題視してもいいはずです。仕事では効率性や生産性を求めているはずなのに、仕事以外で意識しないことには納得いかないですよね。

付き合いの飲み会から解放されたことで、良い変化もあります。さすがに3次会まで行くと帰りが遅くなり、疲れとお酒が残っていて翌日を無駄に過ごすことが多かったのですが、それがなくなりました。また「付き合いの飲み会」に対する不満もなくなるので、ストレスが溜まることもありません。

金銭面でも良いことはあります。3次会まで行くとそれなりのお金がかかりますし、終電を逃してタクシーで帰るということも。そのようなことがなくなります。

今は「飲みたい」と思える人としか飲みに行くことはありません。そして、そのような人と時間を共にすることは、とても有意義な時間の使い方だと思っています。

心に余裕ができると、視野が広くなる

ＦＩＲＥを達成して時間に余裕ができたら、心にも余裕が生まれました。

ＦＩＲＥ前は、気がつくと時間に追われる人生になっていました。働いていると次から次へとやることが決まっていきます。期限までに仕上げなければならない仕事もあるので、タイムプレッシャーがつきまといます。ＦＩＲＥ後はそんな状況から解放されました。

心に余裕ができたことにより、視野が広くなったとも感じます。

車の運転を例に挙げます。運転中にスピードを出しすぎていると視野が狭くなり、見える部分が限られます。これは人間の能力的に余裕がないためで、つまり情報量が少ない状

態です。しかし、スピードを落とすことによって視野が広がれば、情報量も増えます。

心も同じように、余裕ができることで今まで見えていなかった部分が見えてくるようになります。私の場合は、他業種の方々や幅広い年齢層の方々と交流してみたいという気持ちになりました。すると、さまざまな価値観や今まで知らなかった考え方に気づき、理解することができるようになりました。自分のことで精一杯な状況であれば、このような違う世界に興味を持つことはなかったと思います。

実は体を壊した時に少しの間休養をとったことがあるのですが、時間の余裕が生まれたためこれからの人生を考えたことがありました。その時に「仕事を辞める選択肢」があると気づいたのです。いったん立ち止まれば、全速力で走っていた時には分からない気づきがある、ということを実感しました。

生きていると、不愉快な行動をとる人に出くわすこともあるかと思います。それに対して今までは否定的な考えしかありませんでしたが、心に余裕ができると「なぜそのような行動をとるのか？」と、相手の考えを想像できるようになりました。相手の立場から幅広い視野で考えることで、今まで理解できなかった人とも理解し合えるようになったのです。心に余裕があるということのメリットは計り知れません。

家族といる時間が増えることの幸せ

私は以前働いていた時、仕事が終わるのが遅く、帰ってきた時には子どもがすでに寝ていて一度も顔を合わせない日が結構ありました。FIRE後は、今まで一緒にいられなかった分を取り戻すかのように、一緒に過ごす時間が多くなっています。

一緒にご飯を食べられることや、「おはよう」「おやすみ」を言えること、休日に一緒に出かけられること、他愛もない話で笑えること、それだけで幸せを感じるのです。家族といる時間が増えたことで、子どもたちのその日の出来事や、今楽しみにしていること、困っていること、挑戦しようとしていることなどを理解できるようになり、家族も喜んでいます。

私自身も、子どもの成長に関われることがとてもうれしいです。子どもの成長は早く、あっという間に大きくなるもの。子育て期間が人生で一番楽しいとも聞きます。そんな時期を大切にできるようになりました。そして、家族の毎日の状態を比較することができるので、「最近は勉強で疲れている」とか「何かで悩んでいる」など、一人一人の調子が把握しやすくなったのです。そういった時にアドバイスをすることは私の役目だと思っています。

FIRE前に比べて最も変わったのは、家族が私を頼るようになったことです。

話をする時間が短いとなかなか込み入った話ができませんが、対話の時間を長く確保できることでさまざまな話ができるようになりました。精神的な支えがあることで不安を取

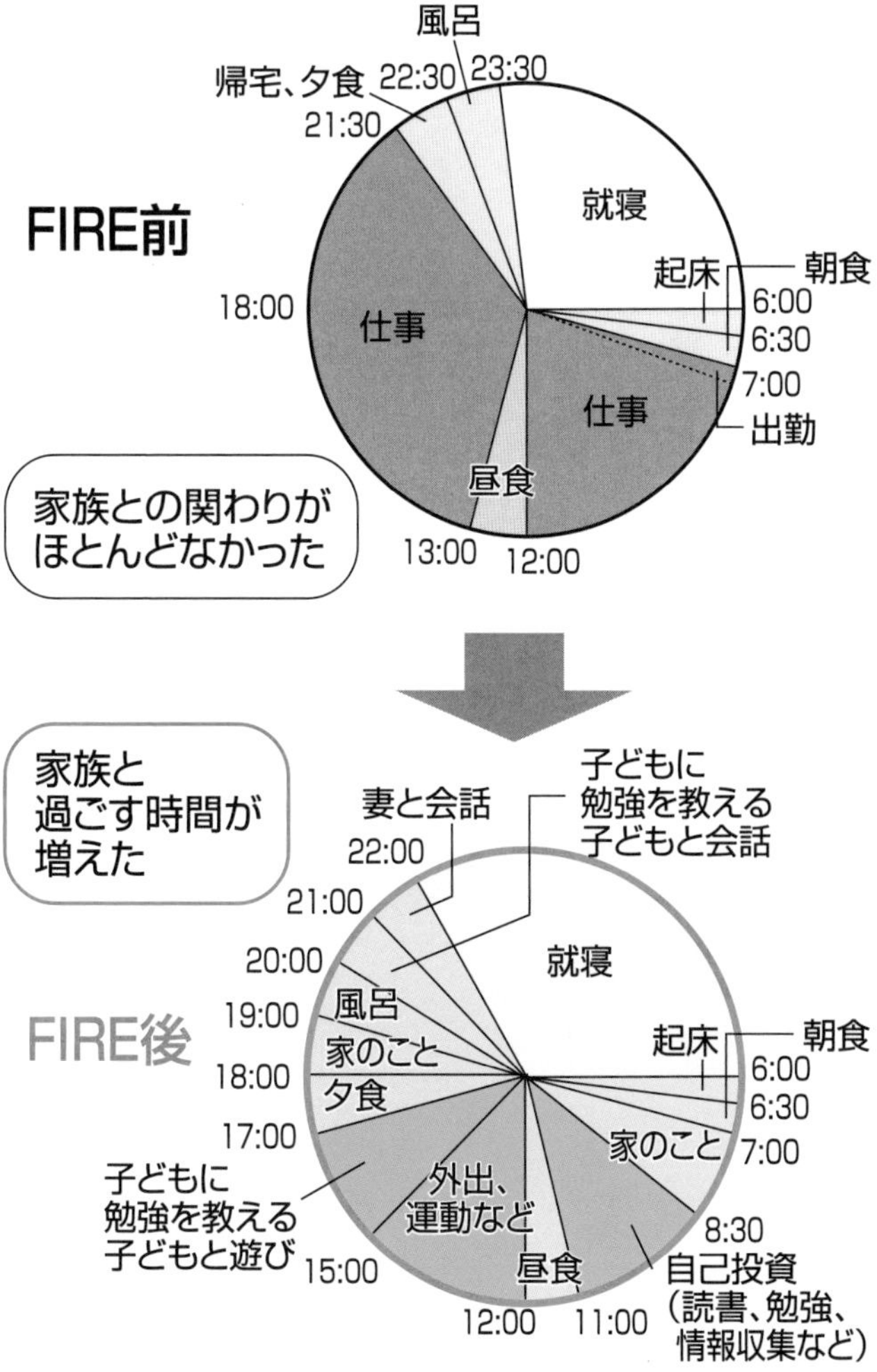
FIRE前
風呂
帰宅、夕食
22:30
23:30
21:30
就寝
起床
朝食
6:00
6:30
7:00
出勤
18:00
仕事
仕事
昼食
13:00
12:00
家族との関わりが
ほとんどなかった
家族と
過ごす時間が
増えた
妻と会話
子どもに
勉強を教える
子どもと会話
22:00
21:00
20:00
19:00
18:00
17:00
FIRE後
就寝
風呂
家のこと
夕食
起床
朝食
6:00
6:30
7:00
家のこと
子どもに
勉強を教える
子どもと遊び
15:00
外出、
運動など
昼食
12:00
11:00
8:30
自己投資
（読書、勉強、
情報収集など）

り除くことができるため、家族全員がよりパワフルに活動できるようになったと思います。

家のことに積極的に参加できるようになった

ＦＩＲＥ達成前は仕事で家を空けることが多く、家族からは「家にいない人」として認識され、最初から当てにされていませんでした。また家にいても、仕事の疲れが残っていて家のことに参加できないことが多々ありました。

しかし、ＦＩＲＥで時間に余裕ができると、疲労回復の時間も確保できるためパワフルに活動することが可能になり、家のことに積極的に参加できるようになりました。今は家事の代表格となる料理、掃除にも積極的にトライ中です。自他ともに認めるほど料理音痴でしたが、最近は家族の評判も少しずつよくなってきています。

家事や子どもの学校行事の他にも地域行事への参加、習い事などの送迎、買い物など今まで任せっきりになっていたものを、家族の一員としてできるようになりました。家庭には名前もないような家事がたくさんあり、自分が知らないだけでいろいろなことをやってもらっていたのだな、と痛感しています。今までやってくれていた妻に感謝です。

私が家のことに積極的に参加するようになって、妻の負担がかなり減ったことはとてもうれしいです。そして、私自身の生活力も上がりました。今は１人でなんでもできる人間を目指しています。子どもにもそのように育ってもらいたいですね。

昔は、男性が働いて女性が家事をする。このような風潮があったと思います。未だにその風潮を引きずっている人もいますが、今は違いますよね。価値観や生き方が変わったのであれば、常識も変えていかなければなりません。これからの時代を担っていく子どもたちに、新しい理想の姿を見せることができていると思っています。

また、地域の繋がりが希薄化する現代社会ですが、子どものためにも「地域の一員であること」の認識を持ってもらうことは大切だと思います。地域の繋がりがあれば、何か困った時に助け合うことができます。そんなコミュニティが理想的だと思いますし、FIREによって私が地域と関われる機会が増えたことは、子どもたちに大きな影響を与えます。

子どもの行事に参加できる

勤めていた頃は仕事の都合で、授業参観（父親参観も）や学習発表会などの行事に度々参加できませんでした。

一度しか見ることができない子どもの姿、子どもの成長を見ることができないのはとても悲しく、「何のために働いているのか」と疑問に思うこともありました。「仕事は大事だけど、子育てよりも大事なのか？」と、自分の人生に問いかけることもありました。

仕事を辞めて初めに参加したのは授業参観でした。家では見せない表情を見ることができましたし、子どもの成長も感じられました。これからは「仕事で参加できないことに不満を持たなくていい」と思いました。それまでは仕事に対し、恨みのような気持ちもあったと思います。

子どもの行事に参加できるようになり、妻は、父親にも学校の姿を見てもらえるようになったことにとても安心しています。子どもは以前よりも親が見に来る行事を楽しみにするようになりました。どのような環境で学校生活を送っているかを肌で感じることは、子どもを理解する上でとても大事だと思います。

第9章

人生で大切な幸せの見つけ方

なぜ幸福度が上がらないの？

私の幸せは、体と心が健康で家族と毎日過ごせることです。

これは過去の私の経験から辿り着いた価値観です。以前、精神的に不調になった時、何も考えることができなくなったことがありました。「当たり前のように考えること」ができないのです。このような経験から「当たり前」の大切さに気づくことができました。

この**当たり前を幸せなことだと認識できることが大事**だと思います。日々過ごしていると当たり前な幸せはたくさんあることに気づきます。当たり前な幸せを逃がさず見つけるか、逃がしてしまうかで幸福度が決まっていきます。

私の幸福度が上がっている理由は、些細なことでも構わないので心が満たされていることを認識しているからです。今日も元気に朝起きられたこと、お腹が空いた時に食事をとれること、虫歯がないこと、家族も元気でいることなど、なんでも良いです。1日に何度も小さな幸せを感じるようにすることで幸福度を上げています。幸せだと感じる回数が多いと感覚的に幸福度が高くなるのだと認識しています。

小さな幸せをたくさん感じるということは「実は自分が幸せに囲まれている」ことに気づくことです。小さな幸せは誰もが持っているものだと思っています。その小さな幸せの存在に気づけることで幸福度が上がります。一つ一つは小さいかもしれませんが、集まれば大きな幸せになります。

幸福度が上がらないと感じている人は、今ある幸せに気づかず、他のどこかに幸せがあると思い込んでしまっているのではないでしょうか。

いつも不平不満を言っている人は周りにいませんか？　そのような人は、今ある幸せを

幸福度が上がらない人
お金持ちになりたい
仲間からうらやましがられたい
もっと楽な仕事がしたい
人に尊敬されたい
今ある幸せに気づかず
他のどこかに幸せがあると思い込む
幸福度が上がる人
家族がみんな元気
お腹が空いた時に食事がとれた
HAPPY
朝元気に起きられた
子どもと楽しい時間を過ごせた
自分が幸せに囲まれていると認識できる

感じることができていません。幸せを感じることが苦手な人はいくら幸せを探してもなかなか見つけることはできませんし、幸せを感じることが得意な人は特に何もなくても幸せだと思っていることでしょう。

労働に集中しすぎた時に分かったこと

過去の私は、朝から晩まで働くことや休日出勤をよくしていました。そのうち頸椎と腰椎椎間板ヘルニアになってしまい、痛み止めを飲む日々が続きました。しばらくは痛み止めを飲んで我慢していましたが、体を酷使したため最後は歩けなくなるくらいにまで悪化しました。仕事中、急激に悪化し病院に搬送されたこともあります。また、さまざまな悩みから精神的に不調になったことがあるのですが、その時はカウンセリングを受けたり病院に通ったりもしました。不眠、絶望感、食欲がなくなる、涙が出る、思考が回らないなどの症状がありました。もう二度とあの辛さを味わいたくないですね。

その時に「体を壊してまでする仕事ってなんだろう?」と思うようになりました。私の代わりは他にもいるし、私にしかできない仕事でもありません。「私がやらなければ」は自分の過度な思い込みだということが分かりました。

自分の体とは一生付き合うことになります。誰かが壊れた体の身代わりになってくれるわけではありません。また、私の体は私のものだけではなく、家族のものでもあります。

仕事よりも健康の方が大事だと反省しました。

体と心の健康が一番

体と心の健康が一番だと思うようになったきっかけは、健康を害してみて、何をするにしても健康が土台であると知ったことです。不健康な状態だとやりたいことができません。特に心は重要です。心が健康でないと、体が健康であってもどんなに才能があってもそれを生かすことができません。

私は体と心の健康を保つために、無理は絶対にしないようにしています。無理をすることで疲れが溜まり、健康を害する要因になりかねないからです。体のケアは毎日ストレッチを欠かさず行っています。睡眠も食事もしっかりとり、規則正しい生活を送っています。

心のケアとしては、ノンストレスに努めるようにしています。過去に精神的不調に陥ってから、ストレスを近づけないように意識しました。すると、自分の周りにはたくさんのストレスがあって、そのストレスを感じながら生活していることに気づいたのです。

可能な限り意図的にストレスを遠ざけることによって、精神的に平穏に過ごすことが可能になっていきました。今は気になるストレスはほとんどないので、穏やかに過ごすことができています。

ストレスが過度にあると心の負担になり、だんだん余裕がなくなります。そうなると、自分勝手な思考に陥ってしまいます。自分勝手に思えば思うほど、周りの人に優しくなれない状態になります。周りに優しくなれない人は、周りからも優しくされなくなります。逆に周りに優しくできる人は、周りからも優しくされます。自分に優しさが返ってくるためにもストレスはない方が良いのです。

私が行っている、ストレスを溜めない心得3カ条は、次の通りです。

① **ストレスを感じそうな空間や人には近づかない**（過去の経験から、ストレスを感じそうな場面を予測し、避けて過ごすようにしています）

② **ストレスを受けていることを早い段階で認識して、そのストレスから自分を遠ざけるようにする**（もしストレスを受けていることに気づいたら、できるだけ早く避難します）

③ **リラックスタイムは絶対に確保する**（毎日のリラックスタイムは絶対に確保するようにしています。逆に、確保できないようなタイムスケジュールは最初から組みません）

家族と一緒に食事をすることで家族の調子が分かる

家族と一緒に食事ができるようになったのは、仕事を辞めたという理由も大きいですが、そもそも食事の時間帯は予定を入れないようにしているからです。今までの考え方を変え、家族と過ごす時間を第一優先にしました。

一緒に食事をすると、食べる速さや量も含め、食べている時の様子で元気かどうかがすぐに分かります。特に我が家の子は食欲旺盛なので毎日よく食べます。食べている時は、その人の感情（機嫌が悪い、疲れている、悩んでいる、困っている、うれしい、楽しいなど）が表に出やすいと感じています。

また、食事中の会話からもさまざまなことを聞くことができます。部活のこと、勉強のこと、興味のあること、面白かったこと、嫌だったことなど。

家族の調子が分かることで、何かに悩んでいるようだったら相談に乗れますし、元気がなさそうな時は何かあるはずなので、タイミングを見計らって話をするようにしています。悩みごとなどは小さいうちに解消する方が良いので、家族の様子の変化は敏感に察知するようにしています。そして、悩みなどが解消された時も食事中の様子で分かります。

他には、子どもが興味を持っているものがあれば話を聞き、できるだけ親も理解するようにしています。

他人と比べないことの大切さ

幸福度が下がる要因の一つは、他人と比較することです。

常に自分が一番であればいいですが、現実的にはそんなことはありえません。必ずどこかで負けます。つまり、他人と比べる人生は、常に勝ち続けなければ劣等感を抱く結果を招いてしまうということです。服でも装飾品でも家電でも車でも、常に新商品やアップグレードされた商品が世に出ます。追い求めていくとキリがないですよね。いつも最新で最上位のものを買うことができるなら別ですが、現実的には厳しいと思います。また、買うまでが楽しみであって、買ってしまうと満足して気持ちが下がるという経験もあるかと思います。

一方、他人と比べない人生は、そもそも負けることがないので劣等感を抱くことはありません。ですから、所持品や資産などを他人と比べる必要はありませんし、比べる意味もありません。他人と比べて良いのは、スポーツやゲームなどで競い合う場合くらいです。

ＦＩＲＥ達成に向けて頑張っている時も同様です。

育ってきた環境、過ごした地域、選んだ仕事、今まで出会った人、積んできた経験、運など、１００人いれば１００通りです。自分の努力で変えられないこともあるので、ＦＩＲＥの達成について他人と比べない方が良いです。また、他人と比べることでその人のＦＩＲＥ自体の価値が変わることもないので、そもそも比べる必要がありません。

何もないことが幸せ

ここで言う「何もない」というのは、不自由なことや困ったことがないという状態です。

それは何か一つでもいいです。その不自由や困ったことが「何もない」状態を認識しておきましょう。

実はその「何もない」ことが幸せだということを、失って初めて気づくことが多いです。例えば今の生活から電気を奪われたらどうでしょう？　非常に生活が不便になると思います。電気のある生活は当たり前で疑いもしませんが、災害などで電気を使えなくなることだってあるわけです。電気が使えない状況からすると、電気を普通に使える生活の幸せに気づくことと思います。

「何もない」けど、「何もない」ことを幸せと感じられることが大事です。すべてにおいて不自由な人はいないと思います。誰もが何かは満たされていることでしょう。その満たされているということを忘れないことが必要です。

「何もない」けど、「何もない」ことを幸せと感じられることは、FIREとは関係なく誰もが必要なことです。人間に欲がある以上、常に何かを求めてしまいます。求めること自体は悪くありませんが、そのことで今満たされているという事実を忘れないようにする必要があります。

「何もない」平凡な1日が、実は超幸せな1日なのです。

おわりに

　ここまで読んでいただきありがとうございます。私は普段から資産形成について情報発信しているのですが、その理由はお金の扱い方に関心が薄い人が多いと感じているからです。最近は高校でも授業で取り扱っているようですが、卒業してからも学び続ける人はどれくらいいるでしょうか？　どの教科にも共通しますが、高校で学んだことを社会人になってからも学び続けている人はかなり少ないでしょう。同様に、お金に関しても同じ状態になることが容易に想像できます。

　お金について学び続けていかなければ、お金の不安はますます大きくなっていきます。

「豪遊したいという気持ちはなく、ただ家族と幸せな時間を過ごしたいだけ」。このように思う方も多いかとは思いますが、今後はそういう生活もできなくなる可能性があります。そのような人を少しでも減らしたいと思い、情報発信を続けています。誰でもお金の不安がなく幸せに生きる権利は持っているはずです。お金について意識を高めてくれる人が増えることで、その権利を貫く人も増えていくと思います。

さて、本書では私の資産形成や子育てに対する考え方、人生観について書き記してきました。もちろん、私の考え方が絶対に正しいということを主張したいわけではありません。人にはさまざまな価値観があり、それを否定するつもりはありません。ただ、少しでも私の考え方に興味を持ち、あなたの考え方に取り入れてもらえるのなら、これほどうれしいことはありません。

もし本書の内容に共感していただいたのならば、一つでも良いので早速行動に移してください。せっかく読んでも行動に移さないと何も変わらないのが現実です。節約、投資、子育て、何からでも構いません。行動に移してこそ効果が現れます。

資産形成をしていく上で重要なことは、自分の価値観を大切にすることです。価値観は自分の人生そのものです。他人の人生を歩むわけではないので、価値観を他人に合わせる必要はありません。自分の価値観を大切にすることは、自分を大切にすることに繋がります。そして、自分を大切にできる人はとても幸せな人生を送ることができるようになります。

本書出版にあたり携わっていただいたすべての方、本当にありがとうございます。また、育ててくれた父・母、いつも私を支えてくれている妻、頼りない父を頼ってくれる子どもたち、心から感謝しています。

最後に、本書があなたのお金の不安を取り除き、少しでもあなたらしい素敵な人生を送ってもらえるようになれたら幸いです。そして、あなたがこの本に感銘を受けたのなら、あなたの大切な人に贈ってあげてください。

2023年6月　子どもたちのにぎやかな声に囲まれて

みもじ

著者
みもじ
貯金ゼロの浪費家が節約家へと転身し資産形成に専念。過去に働きすぎて体と心を壊した経験から、自分の人生を見つめ直し2021年FIREを達成した。現在は資産形成のコツや自己の人生観について、主にTwitter(@mimojinojinsei)で情報を発信している。お金の不安を取り除き、少しでも多くの方に自分らしい人生を送ってもらうことが目標。3児の父。

貯金ゼロの元浪費家・3児の父が子育てしながら成功できた しあわせFIRE

2023年6月15日　初版発行

著　　者　みもじ
発 行 者　山下 直久
発　　行　株式会社KADOKAWA
〒102-8177 東京都千代田区富士見2-13-3
電話0570-002-301(ナビダイヤル)
印刷・製本　図書印刷株式会社

〔お問い合わせ〕
https://www.kadokawa.co.jp/(「お問い合わせ」へお進みください)
※内容によっては、お答えできない場合があります。
※サポートは日本国内のみとさせていただきます。
※Japanese text only
定価はカバーに表示してあります。

ISBN 978-4-04-897560-5 C0033